JN438701

작은따옴표

현 대 수 필 가 1 0 0 인 선 II · 91

작은따옴표

심인자 수필선

수필과비평사 · 좋은수필사

■책머리에

수필은 누구나 부담 없이 읽고, 마음만 먹으면 직접 쓸 수도 있는 가장 친근한 문학이다. 다른 영역의 문학이 영상매체에 밀려 신음하고 있는 중에도 수필 인구만은 날로 증가하여 바야흐로 수필 전성시대를 구가하고 있는 이유도 거기에 있을 것이다.

시대적 추세에 힘입어 수많은 수필전문지, 수필동인지가 창간되고, 이에 비례하여 신진 수필가도 날로 늘어나다 보니 이제는 그 많은 작가, 그 많은 작품 중에서 문학성 높은 작품을 가려 읽는 일이 쉽지 않게 되었다. 이런 현상은 작가에게나 독자에게나 결코 바람직한 일이 아니다. 더 나아가서는 수필을 연구하는 후세들에게도 큰 부담이 될 것이다.

이런 문제를 해결하는 데는 출판인도 마땅히 한몫을 감당해야 한다는 평소의 소신에 따라, 본사가 기꺼이 그 역할을 맡기로 했다. 그 첫 번째 사업으로 시대를 대표할 만한 수필가 100인을 선정하고, 작가가 자선한 40편 내외의 작품을 수록한 문고본을 발간하여 이를 널리 보급함으로써 그 소임을 다하고자 한다.

본사는 사명감을 가지고 이 사업을 추진해 나가기로 했다. 작가 선정을 전담할 편집위원회를 구성하고 전권을 위임하여 일체의 사적인 정실이나 청탁을 배제함으로써 전문성과 공정성을 확보해 나갈 것이다.

따라서 이 기획물 속에는 작가의 문학정신뿐만 아니라, 본사의 문학사적 기여 의지와 편집위원 제위의 수필문학에 대한 애정과 문인으로서의 양심이 함께 담겨 있음을 자부한다. 다만, 작가를 선정하는 기준에는 많은 견해의 차이가 있을 수 있고, 선정 과정에서도 미처 챙기지 못한 부분이 있을 것이라는 사실만은 인정하지 않을 수 없다. 이 점에 대해서는 관계자 여러분의 양해 있으시기 바란다.

이 시리즈의 발간 순서는 작가, 또는 본사의 사정에 의한 것일 뿐 그 밖의 어떤 기준도 적용하지 않았음을 밝힌다.

본 기획물이 시대를 초월한 많은 수필 애호가들의 관심과 애정 속에 우리나라 수필문학 발전에 한 이정표가 되기를 바랄 뿐이다.

본사에서는 이상과 같은 취지로 ≪현대수필가 100인선≫ 전 100권을 완간하여 큰 반향을 불러일으킨 바 있다.

그러나 우리 수필문단의 규모나 수필문학의 수준에 비추어 선정 작가를 100인으로 한정하는 것은 형평성이나 효율성 면에서 크게 부족하다는 의견이 많았고, 본사 또한 이를 통감하던 터라 기꺼이 ≪현대수필가 100인선Ⅱ≫를 발간하기로 했다.

본사의 충정에 찬동하여 출판에 응해주신 저자 여러분에게 진심으로 감사한다.

2014년 9월 일

수필과비평사 · 좋은수필사 발행인 서 정 환

현대수필가 100인선 간행 편집위원 박 재 식 최 병 호

정 진 권 강 호 형

오 세 윤

1_부 일곱째 날

2_부 연하의 남자

3_부 토우를 바라보며

4_부 균형잡기

1부

황덕도
이웃
귀철네의 바다
태양의 저편
선차장
웃음을 찾아서
일곱째 날
병상일기
고양이 눈
이별의 단상

황덕도

풍광들이 정겹다. 긴 세월을 그리 해 왔듯 몇 가구의 집들이 이마를 맞대고 있고, 끝집 옆으로 잘 자란 밭작물이 옹기종기 햇빛 바라기에 여념 없어 보인다. 갯내를 가득 품은 바닷바람이 코끝을 간지럽히더니 어느 사이 작은 어선 몇 척을 춤추게 한다. 길 위로 야트막한 야산의 늙은 소나무 한그루가 무심히 나를 바라본다.

가 봐야지 하면서도 연고가 끊긴 탓에 오랜 시간이 흘러버렸다. 소녀에서 이제는 희끗희끗한 흰머리 여인이 되었어도 이곳은 여전히 그리움이다. 유년의 나를 설레게 한 섬. 섬 안의 섬, 황덕도.

여름 어느 날 옆집 숙이가 날 찾았다. 숙이 옆에 교복을 단정히 입은 한 소녀가 서 있었다. 곱슬머리가 인상적인데다 맑은 얼굴이 밉상은 아니었다. 한창 유행하던 S_언니를 맺어주겠다는 것이다. 나는 초등학교 육학년이었고 그녀는 중학교 일학년이었다. 가끔 우리 집에 놀러왔다. 숙이랑 셋이서 밥도 먹고 나란히 누워 잠을 자기도 했다. 숙이의 감초역할로 우리 둘의 사이도 꽤 가까워졌다. 여동생이 없는 그녀에게 어느 사이 동생이 되어 있었다. 살뜰히 챙겨주는 마음을 느꼈기 때문이다.

여름 방학 첫날, 그녀의 집에 가기로 했다. 평소 같으면 어림없는 일이었다. 착하고 싹싹하고 게다가 뭐든 챙겨주는 그녀를 어느 사이 우리 부모님도 딸처럼 대해주었기에 가능했다.

처음으로 떠나는 여행이었다. 양껏 꾸린 가방을 메고 콧노래를 부르며 통통배에 몸을 실었다. 새하얀 포말을 일으키며 앞으로 나아갈수록 우리 집은 점점 작아져갔다. 집 떠나는 마음이 이런 것일까. 설레면서도 한편으론 가족들과 떨어져야한다는 두려움도 일었다.

통통배는 칠천도의 여러 마을을 돌며 사람들을 하나 둘 내려주었다. 그녀의 손을 잡고 선착장에 발을 디뎠다. 다 온 줄 알았는데 구불구불 산길을 또 걸었다. 소나무 그늘에 앉아 흐르는 땀을 식히며 쉬기도 했다.

눈앞에 작은 섬이 보였다. 오순도순 정겹게 머리를 맞대고 있는 몇 가구 되지 않은 작은 섬이었다. 아담하고 평온해 보이는 그 섬에 정이 갔다. 두 손을 입가에 대고 그녀가 목소리를 높였다. 몇 번의 고함소리에 조그만 배 하나가 노를 저으며 다가왔다. 나룻배였다. 마을 사람들이 돌아가며 수시로 노를 저어 건너 주고 데려오는 유일한 교통수단이었다.

부모님은 처음 보는 나를 반겨주었다. 시원한 오이냉국과 밭에서 뽑아온 나물 몇 가지를 무쳐 밥상을 내오곤 연신 배고플 텐데 어서 먹으라며 딸 대하듯 했다. 편식하는 것도 잊은 채 밥 한 그릇을 거뜬히 비우곤 동네 구경을 나섰다. 집 옆으로 교실이 하나 뿐인 작은 분교가 있었다. 인원수가 열 명 남짓하다고 했다. 교실이 깨끗했다. 책걸상이 반듯하게 잘 정돈 되어 있었고 문고의 동화책도 가지런히 꽂혀있었다. 교탁 옆의 낡은 풍금에 눈길이 갔다. 그녀에게 들려주고 싶었다. 합주반원으로 활동해서 웬만한 동요는 연주할 수 있었기에 용기를 냈다.

등대 구경을 시켜주겠다고 했다. 집 뒤로 한참 언덕을 오르니 작은 등대가 보였다. 무인 등대로 관리가 제대로 되지 않아 낡고 군데군데 칠이 벗겨져 있었다. 사진으로 보던 화려한 등대는 아니어도 아담하고 운치가 있었다. 볼품은 없어도 깜깜한 밤에 비추는 불빛이 밝고 아름답다고 했다. 편편한 계단 바닥의 흙먼지를 털어내고 나란히 앉았다. 멀리 지나가는 어선을 향해 손을 흔들며 쪄온 옥수수를 먹었다.

밤이 되니 집 생각이 났다. 섬 속의 섬이라 여직 전기가 들어오지 않았음을 몰랐던 것이다. 집집마다 호롱불밖에 없어서 어둠을 밀어내기에는 무리였다. 그녀의 방에도 호롱불 하나가 앉은뱅이책상에 놓였다. 안방의 부모님은 일찍 주무시는지 간간히 코고는 소리가 들려왔다. 잠은 오지 않고 식구들이 떠올랐다. 나 생각은 안 하고 연속극 보느라 모두들 텔레비전 화면을 뚫어져라 보고 있겠지. 어머니, 아버지, 오빠, 호랑이 같은 언니들, 만날 이겨보겠다고 달려드는 여동생까지 그리워하다 잠이 든 모양이다.

익숙하지 않은 소리에 눈을 떴다. 집에서는 통통배 소리에 잠을 깨곤 했는데. 여긴 집과 달리 소리가 컸다. 파도 소리였다. 세찬 물결에 밀려왔다 쓸려나가는 자갈 구르는 소리. 천둥소리 같기도 하고 구슬이 한꺼번에 쏟아지는 소리 같기도 했다. 수탉의 긴 울음소리가 장단 맞추듯 추임새를 넣는 사이 날이 밝아오기 시작했고 낯선 곳에서의 첫 아침이 싫지는 않았다.

또래 학생들이 모였다. 낚시 가자는 얘기를 미리 해 두었던 모양이다. 배를 타고 바다 한가운데로 나갔다. 시퍼런 바다가 무섭긴 했지만 낚시가 해보고 싶었다. 임시방편으로 만든 허술한 낚싯대를 드리우자 금시 입질을 했다. 챔 질에 장어 한 마리가 꿈틀거리며 올라왔다. 낚시도 처음, 물고기를 잡는 것도 처음이었다. 소리를 지르며 즐거워하자 모두들 맞장구를 쳐주었다. 연이어 두 마리를 더 낚았다. 그 재미에 얼굴 타는 것도 모르고 반나절이나 낚시에 열을 올렸다.

점심을 먹고 다들 바닷가에 모였다. 새벽에 쳐둔 그물을 끌어당기기 위해서였다. 양쪽으로 편을 갈라 긴 밧줄을 당기면 되는 단순한 작업이었다. 나도 그녀 옆에 섰다. 누군가가 큰소리로 노래를 부르자 다른 사람들도 합세하며 밧줄을 당겼다. 캠핑 온 대학생들도 구경하다가 우리 사이에 끼어들었다. 얼마나 재밌던지 손바닥이 얼얼하도록 잡아끌고 또 끌어당겼다. 밧줄이 사람 뒤로 쌓여가고 드디어 그물이 해변으로 끌려나오자 크고 작은 물고기가 파닥거렸다. 조금씩 나눠졌다. 수고한 대학생들의 저녁 한 끼 매운탕으로, 마을 남정네들의 안주거리인 횟감으로, 저녁 밥상에 올릴 생선구이로. 물고기와의 한판 줄다리기에 두 팔의 힘이 다 빠졌지만 항구를 향하는 만선의 깃발마냥 높이 쳐들었다.

밤이 이슥해지자 발소리를 죽인 채 사립문을 빠져나왔다. 컴컴한 길을 그녀의 손 하나에 의지하며 따라 걸었다. 어느 집에 다다라 대문을 밀쳤다. 희미하게 불빛이 흘러나오는 방문을 여니 동네 학생들이 다 모여 있었다. 서리를 나간다는 것이다. 달빛에만 의지한 채 캄캄한 들길을 지나 어느 밭에 멈췄다. 남학생 몇이 밭으로 기다시피 들어가더니 무언가를 안고 나왔다. 행동이 얼마나 민첩하고 빠른지. 그때 고함이 들렸다. 주인이 지키고 있었는데 하필 그 밭에 들어갔던 모양이다. 혼비백산 줄행랑을 쳤다. 달리기라면 나도 자신 있었다. 헉헉거리며 방에 들어와 보니 다들 몰골이 말이 아니었다. 키

들키들 웃음이 났다. 달리다 넘어져 옷이 흙 칠갑인데도 수박을 꼭 안고 있었다. 참외도 땄다는데 어디서 흘렸는지 빈 소쿠리였다. 서리한 것은 이 뿐이 아니었다. 낮에 따로 챙겨둔 물고기로, 닭장에서 꺼내온 계란으로, 십시일반 가져온 먹을거리들로 군밥을 해 먹으며 여름밤을 보냈다.

아름다운 여행이었다. 처음으로 해본 낚시도, 주인한테 들켜 줄행랑치며 따 온 수박 서리도, 마을 사람 모두가 한마음으로 노동요를 부르며 그물을 끌어당기던 것도, 양어머니가 차려주시던 맛난 밥상도, 밀짚모자를 눌러쓰고 나룻배로 데려다주던 오라버니도 마치 어젯밤 일 마냥 선명하다.

지금껏 그녀와 인연을 이어간다. 그녀, S_언니를 만나지 못했더라면 내 추억 속의 황덕도는 없었을 것이다. 아름다운 섬에서의 추억도 만들지 못했으리라. 그랬다면 나는 허허로운 가슴을 채우려 이 나이에도 여행 가방을 꾸릴지 모를 일이다.

이웃

“이토 미네코입니다.”

302호 아주머니다. 같은 동양인, 바로 옆 나라이면서도 한국인과는 또 다른 외모를 지녀 이방인임을 한눈에 알아볼 수 있었다. 그녀를 바라보는 시선은 다들 뭔가 알고 싶어 하는 궁금증으로 가득했다. 작은 체구와 예쁘장한 얼굴에서 나이조차도 추측하기가 쉽지 않았으니 다른 것은 오리무중이었다.

그녀가 우리 아파트에 온 건 두 해 전이었다. 일본인이며, 조선소의 기술자로 초빙되어온 남편을 따라왔다는 것이다. 첫해는 외로웠는지 일본에 가 있을 때가 많아 얼굴 보기가 쉽지 않았다.

우리 아파트도 여느 단지처럼 대청소를 한다. 302호는 관리비를 회사에서 내주기 때문에 굳이 청소에 나오지 않아도 될 터인데, 이곳에 상주할 때면 빠지는 법이 없었다. 청소가 끝나면 다과시간을 갖는데 특별한 일이 아니면 같이 자리를 하여 우리와 섞였다. 시종 우리가 웃고 떠드는 시간을 같이 하면서 미소를 잃지 않았다. 언제 봐도 다소곳한 자태에 한 점 흐트러짐이 없고 참 소박하다는 느낌을 받았다.

처음만 해도 말이 이어지지 않았다. 나 역시도 일본어를 모르고 그녀 또한 한국어를 모르니 답답했다. 언어소통이 되지 않을 땐 영어를 써 보기도 했지만 쉽지 않았다. 가끔 마주칠 때도 있었는데 주로 현관에서 혹은 집과 가까운 거리에서였다. 처음엔 눈인사만 나누었다. 언어 장벽으로 소통이 어려웠다. 해 줄 수 있는 일이 있다면 도와주고 싶은데 내 마음을 전달할 수 없는 것이 안타까웠다. 멀리 이국땅에 있으니 외롭고 힘든 일이 많을 것이라 생각되었기 때문이다.

그러던 중 아는 분으로부터 생선을 얻었다. 정 나누기로 이웃에 나눠주었다. 그녀의 집 앞을 지나치는 게 마음에 걸렸다. 잠시 망설이다 초인종을 눌렀다. 문이 열리고 그녀가 날 반겼다. 어떻게나 좋아하던지. 진작부터 그렇게 했어야 했다. 어떻게 생각할지 몰라 나누기를 꺼렸던 것이 오랜 시간을 왕래하지 못한 이유가 되어 버린 것이다.

다음날 그녀가 왔다. 뜻밖이었다. 조금 나눠준 생선의 답례로 과일을 한 아름 안고 있었다. 현관에 서서 조심스러운 얼굴로 방해가 되진 않았는지 물어 왔다. 한 눈에도 내성적인 성격임을 알 수 있었다. 차를 나누었다. 간단한 한국말로 서로의 근황을 전할 수 있었다.

같이 있는 시간 내내 그녀는 다리 한번 펴지 않았다. 행여 불편할까 봐 등받이를 권하기도 했고, 가벼운 담요로 무릎을 덮도록 했으나 극구 사양하는 거였다. 일본에서는 그렇게 앉으며, 오랜 습관이 되어서 괜찮다고 했다. 그래도 편하지 않아 이웃이나 친구들과는 격이 없어 다들 편하게 지내니 당신도 그러했으면 좋겠다고 했다. 세 시간을 같이 있으면서 다리 한 번 펴지 않고 무릎을 꿇고 있으니 나 역시 벌서는 학생처럼 그녀를 따라 할 수밖에 없었다.

그녀의 한국어 과외선생님을 만났다. 같이 잘 지낼 것을 당부하는 것이다. 내성적이라 사람 사귈 줄 모르는데 내 얘길 자주 하더라는 것이다. 그동안 나에게 관심을 가져왔다는 걸 알게 되었다. 처음부터 얘기를 나누고 싶었다고 한다. 그런데 여건이 만들어지지 않더라는 것이다. 생선을 나눠주러 온 순간 이제야 계기가 마련되나 싶어 무척 반가웠다고 털어놓았다.

그간 노력을 많이 한 모양이다. 웬만한 의사소통은 물론 어려운 말도 제법 알아듣는 것이다. 서예학원을 다니고 있으며, 한글도 매주 두 번 배운다고 한다. 그녀는 아예 가방에 전자사전과 연습장을 넣고 다녔다. 얘기하다 장벽이 놓여 고심할 때면 사전을 꺼냈다. 한국어를 배우고자 하는 열의와 진지함에 고개가 숙여졌다. 조금 있으면 모국으로 돌아갈 터인데 참 열심이다. 그녀의 노력이 아름다웠다. 대단하다는 진심 어린 나의 말에 아직도 많은 노력과 학습이 있어야 한다며 부끄러워했다.

정작 부끄러운 건 나 자신이었다. 힘들다 하면서도 포기하지 않는 이방인을 보면서 국어에 대해 얼마나 잘 아는가. 이러고도 아이들을 잘 가르친다고 자부하는가. 놓아서는 안 되는 공부를 다른 일에 미혹되어 그간 외도를 했었다. 미적거리며 구석에 밀쳐둔 전공서적을 펼쳐야겠다는 결심을 그녀를 통해 한다는 것이 다시 한번 나 자신을 부끄럽게 했다.

난 일본의 생활상에 대해서 그녀를 통해 조금씩 알 수 있었고 그녀 또한 한국의 모습을 나를 통해 알려 했다. 이곳에 오기 전에는 평범한 주부였다고 한다. 세상일은 물론 이웃인 한국에 대해서도 관심을 가져보지 않았다고 했다. 그런데 이곳에 오면서 여러 나라에 대한 관심을 가지게 되었고 지금은 한국의 풍습이나 유적지, 박물관에도 눈을 돌리게 되었다고 했다. 한국 연예인들을 좋아하게 되었고 한국 노래도 한두 곡은 따라 부를 수 있다고 한다.

비슷한 의식은 같이 공감하면서 즐거워했고 우리 시대를 넘어서 아이들 세대에 대한 걱정과 우려도 주고받았다. 아이들의 세계는 양국 다 똑같은 모양이다. 조상을 생각하는 마음이 엷어져가고 윗대부터 내려오는 전통의식을 잘 받아들이지 않으려 하고 편리함만 추구하려 해서 걱정이라는 얘기도 덧붙였다.

서로 주어진 시간이 넉넉하지 않아 많은 시간을 같이 할 수는 없었다. 오전엔 그녀가 바빴고 오후엔 내가 하는 일이 있어서 그랬다. 그런 중에도 이젠 그녀를 자주 보는 편이다. 우연히 아니라 필요에 의한 만남을 만들기 때문이다. 일요일 계룡산 산중턱에서 마주치기도 하고 때론 대형매점에서도 마주친다. 혹은 날 보면 일부러 차를 멈춰 차창 밖으로 손을 흔든다. 자투리 시간을 내어 티타임을 만들기도 한다. 어찌 보면 국제적 교류다. 외로운 시점에서 그녀는 나에게 의지하려 하고 난 은근히 그녀를 감싸주려는 본능을 발휘한다. 한국에 대한 인상을 곱게 심어주고 싶어 궁금해 하는 것들에 대해 나름대로 최선을 다한다. 그녀 부부가 여행을 하기도 하는데, 그럴 때면 그곳의 명승지나 가볼 만한 곳을 알아두었다 차편과 함께 소개하기도 한다.

개인적으로 일본에 대한 이미지는 사실 곱지 않다. 역사적으로도 그렇고 지금도 터무니없는 억지에 분노가 일기도 한다. 그걸 생각하면 이 여인을 적대시했어야 했다. 그런데 그녀는 참 따뜻하고 정이 많은 사람 같다. 나보다 여덟 살이나 위인데도 깍듯해서 미안한 마음이 들 정도다. 아직은 일본식 발음이 내 귀에 익숙지 않지만 그녀의 목소리에 매력을 느끼는 중이다.

집에 올라온 그녀가 예쁘게 포장된 꾸러미를 내민다. 본국에 다녀오면서 가져온 차 종류일거라 기대했다. 그러나 나의 생각은 빗나갔다. 한지로 만든 접시다. 얼마 전 전주에 다녀올 일이 있다 하기에 몇 곳을 소개했다. 그 때 한지공예 전시관도 둘러보았는데 작품이 너무 멋져 몇 가지를 구입하면서 내 것도 챙겼다고 한다. 한국 것을 사랑하는 그녀가 오늘 따라 왜 그리 다정하게 느껴지는지 모를 일이다.

그녀는 한국의 모든 것에 흠뻑 빠져 있다. 이곳 사람들이 좋고 눈에 들어오는 모든 것의 멋스러움에 취해 쉽사리 눈을 뗄 수가 없다는 것이다. 지금은 외로움보다 한 곳이라도 더 가보고 싶고 또 알고 싶다고 한다. 난 그녀를 진정한 내 이웃이라고 믿는다. 비록 이방인이지만 이보다 한국적일 수가 없는 그녀이기에 이질감이 점점 멀어지고 있다. 아니 밀쳐내고 있다.

귀철네의 바다

바다가 훤히 보이는 찻집에 앉았다. 사랑방이라는 간판이 낯설다. 예전엔 이곳이 정순네 집이었다. 그 집 문간방에 새댁네가 세 들어 살고 있었지. 이젠 가물가물하다. 아이의 얼굴도 이름도 언뜻 생각나지 않는다. 미간을 찌푸리며 세월의 저편을 끌어당긴다. 그래 맞다. 가무잡잡하고 쇠딱지가 붙어 있어 늘 까까머리이던 귀철이다.

새댁 아주머니는 지금 어떻게 살아가고 있을까. 유년의 어느 여름날, 젊은 부부가 정순네 문간방으로 이사를 왔다. 정말 꼬질꼬질한 살림이었다. 세간이라야 이불보따리와 끓여 먹을 식기 몇 낱이 다였다. 야박하고 정붙일 데 없는 대처생활이 버거워 결국 짐 보따리를 꾸려 낯선 이곳까지 찾아들었다는 것이다.

참 부지런했다. 살림을 일으키기 위해 새댁 남편은 힘든 고깃배 타기를 마다 않았다. 보름에 겨우 한번 집에 다니러 왔지만, 그을린 얼굴이 다부져 보였고 축 처진 어깨가 조금씩 올라갔다. 그 사이 새댁 역시 억척이었다. 네 살배기와 여기 와서 낳은 돌배기 아이를 데리고 잔돈푼이라도 벌어보고자 무던히 애를 썼다. 궂은 일 마다 않고 이것저것 닥치는 대로 일했다. 거친 돌밭도 일구고 썰물 때는 갯벌에 나갔다. 바위에 붙어있는 생굴이 돈이 되었기에 다들 바다로 몰려들었다. 새댁도 굴을 따느라 손이 갈라지고 긁혀 생채기가 나을 틈이 없었다. 처음엔 일이 서툴러 남보다 수입이 형편없었지만, 어느 사이 웬만한 사람들을 제쳤다.

고마웠다. 그렇게 고마울 수가 없었다. 이것저것 챙겨주는 이웃이 고맙고, 살림을 지탱하게 해주는 벌이가 있다는 게 고마울 따름이었다. 바다는 새댁부부에게 크나큰 희망이었으며 살아가는 힘이었다. 일가붙이 하나 없는 이곳까지 흘러들어와 아이들 건사에 조금씩 돈을 모을 수 있다는 것이 참 다행이라는 생각을 하면서 바다에 정을 붙였다.

그날도 일을 나갔다. 바닷물이 빠지기 전에 얼른 다녀올 요량으로 잠시 밭에 간 사이 큰아이가 어미를 찾으러 나간 모양이었다. 집에 돌아온 새댁은 아이가 없자 늘 그렇듯 어디선가 놀겠거니 했다. 시간이 제법 지났는데도 기척이 없다. "어무이" 하며 마당에 들어설 것 같은데 깜깜 무소식이다. 찾아 나섰다.

아이 이름을 부르며 동네를 돌 때는 그다지 다급한 목소리가 아니었다. 그러나 곧 울먹이는 소리가 들렸고, 동네 몇몇 사람들이 같이 다니며 아이를 찾았다. 집 뒤 야산으로, 윗동네로 헤맸지만 흔적조차 없었다. 새댁의 걱정은 곧 동네 사람 모두의 걱정이 되었다.

한참 만에 아이를 찾긴 했다. 그러나 이미 세상 사람이 아니었다. 싸늘한 주검이 되어 어미 품에 돌아왔다. 바다에 빠진 것이다. 본 사람이 없으니 어찌하여 그렇게 되었는지 정황은 알 수 없지만 아마도 발을 헛디뎠을 거라는 추측이 나돌았다.

새댁의 곡성은 구슬펐다. 이미 명이 끊어졌음을 알면서도 입으로 자꾸 숨을 불어넣었다. 뻣뻣해진 팔다리를 주무르며 연신 일어나라 채근이었다. 아이를 부르다 실신하고 깨어나면 절규했다. 꺼이꺼이 울었다. 사람소리가 아닌 산 짐승의 구슬픈 외침이었다. 새끼를 애타게 부르는 어미의 신호였다. 그럼에도 아이는 그 소릴 듣지 못했다. 몇 날 며칠을 실성한 사람처럼 돌아다니며 중얼거렸다. 못된 놈의 바다, 내 자식 잡아먹은 원수라며 가슴을 쥐어뜯었다.

애절하고 구성진 곡소리에 모두들 눈시울을 붉힐 따름이었다. 곡기를 끊어 젖이라도 제대로 나올지. 작은아일 봐서라도 한술 떠먹으라며 가져온 죽에 숟가락도 대지 않았다. 퀭한 눈은 초점마저 잃어가고 있었다. 동네 사람들은 저러다 새댁마저 잘못되면 어쩌나 걱정했다.

연락이 닿았는지 새댁 남편이 돌아왔다. 그들 부부는 말없이 살림을 꾸렸다. 얼마 되지 않는 짐을 수레에 실었다. 눈에 넣어도 아프지 않을 자식을 차디찬 땅에 묻고, 아니 가슴에 묻고 차마 떨어지지 않는 발길을 돌렸다.

평생 한이었을 것이다. 자식을 잃은 그 마음을 어디다 비유할 것이며 무엇으로 위로받을 것인가. 오죽 가슴 저리고 애간장이 끊어졌을까. 온갖 풍파 헤치며 살아보려 발버둥 쳤는데. 그래서 아는 이 없는 이곳까지 내려와 아등바등 살아왔는데. 생떼 같은 자식을 잃은 그들이 이곳에 뿌릴 내려 정착한다는 것은 있을 수 없었다. 잊기 위해서라도 떠나야 했다.

여태껏 그들 부부에게 바다는 더할 나위 없이 고마운 존재였다. 목숨 줄처럼 의지가 되었던 귀철네의 바다는 곧 삶의 터전이며 희망이었다. 힘겹게 모은 돈으로 땅마지기를 장만하고자하는 꿈은 살아가는 이유 중 하나였을 것이다. 베풀어주는 바다에 감사하며 백년대계에 빠져 들어 때때로 잠도 설쳤을 것이다. 그런 바다에 어린 자식을 잃었으니. 오롯이 내어 주기만 하던 바다가 설마 내 자식을 해하리라곤 꿈에도 생각지 못했을 터였다.

이곳도 이젠 많이 바뀌었다. 옹기종기 모여 아담했던 옛집들이 하나둘 사라져가고 그 자리에 서양식 건물들이 섰다. 이젠 낯익은 누구누구네 집이 아니다. 정순네가 떠난 것처럼 동네 사람들도 하나 둘 떠나버리고 낯선 이방인들이 모여들어

횟집이라는 간판들을 내걸어 사람들의 시선을 모으고 있다.

그들은 갯벌에 내려가 해산물을 캐거나 생굴을 따지 않는다. 더 이상 아낙들의 아우성도 구성진 노랫가락도 들리지 않는다. 훤하게 갯벌이 드러나도 왁자지껄 찾아드는 이가 없다. 지금의 바다는 이곳 사람들에게 이미 삶의 터전이 아니다. 생업의 길에서 잠시 비껴나 한숨 돌리는 장소가 되고 방파제에 앉아 세월을 낚는 낚시꾼들의 휴식처가 되어버렸다.

귀철네의 통곡소리가 귓가에 들리는 듯한데, 바다는 그 흔적을 묻어버린 듯 무심하기만 하다. 그들이 알까. 보는 이의 정서를 한껏 올려주는 한가로운 바다가 예전엔 많은 이들의 밥줄이 되고 살아가는 원동력이 되었음을. 때론 기쁨을 주고 때론 슬픔도 주며 삶의 애환이 물들어 있음을.

나도 세월을 먹는 모양이다. 바다가 그리워지니. 비릿한 갯내도 싫지 않다. 바다와 얽힌 유년이 싫고 가난한 어른들의 몸부림치던 삶이 슬퍼서 멀리 했는데 귀철네도 생각나고 떠나간 이웃들도 보고 싶다. 더한 건 온갖 삶의 애환이 묻혀있는 저 바다마저 가슴 떨리도록 그립다는 것이다.

따끈한 차茶에서 갯내가 피어오르고 있다.

태양의 저편

문이 열리고 한 남자가 올라선다. 행색이 말이 아니다. 제대로 빗질 안 된 머리카락이 어깨까지 늘어져 있다. 지나치게 큰 코트가 깡마른 체구를 더 왜소하게 한다. 이동 중인지 뭔가를 돌돌 말아 옆구리에 끼고 있다. 단번에 노숙자란 걸 알아차릴 만큼 찌들고 남루해 보인다. 주위의 사람들이 말없이 한 발짝 물러선다. 냄새가 코를 찌른다. 언제부터 씻지 않은 걸까. 측은한 마음이 들지만 똑바로 쳐다볼 수가 없다. 혹여 눈이라도 마주치면 어쩌나. 그냥 불쌍하고 안쓰러워서인데 쳐다봤다고 해코지라도 할까싶어서이다.

무표정한 얼굴로 성큼 내 옆에 선다. 피하기보단 그냥 장승처럼 서 있었다. 애써 태연을 가장했지만 속으론 연민과 불안감으로 범벅된 감정을 정리하느라 부대껴야 했다. 아무 일없이 남자는 두 역을 지나고 내렸다. 긴 숨을 고르고서야 옆 옆의 사람들 표정을 살펴보았다. 전혀 미동이 없다. 역한 냄새에 투덜거리며 한마디 하려나 했는데 아니다. 무관심인지 늘 접하는 일상이라 단련이 되었는지 종잡을 수 없다.

눅눅하고 어두운 느낌으로 와 닿던 그 사람이 뇌리에서 떠나지 않는다. 가늠할 수 없지만 그렇게 나이 들어 보이진 않던데. 무슨 사연으로 떠도는 걸까. 기댈 자리가 지하뿐일까. 눅눅하고 침울한 기운이 감도는 지하 한 귀퉁이에서 밤을 보낼 수밖에 없는 걸까. 햇빛조차도 들지 않는 곳에서 그들은 무슨 꿈을 꾸고 있을까. 희망의 끈을 쥘 힘이 남아 있기는 한 걸까.

마음이 편하지 않다. 유년의 기억 속에 자리 잡은 한 소년이 떠오른다. 안쓰러움과 미안함으로 뒤섞인 기억은 어느새 내 마음에 짐 하나를 올려놓는다.

푹푹 찌는 무더위가 기승을 부리던 여름이었다. 방학숙제로 아침마다 집 앞의 신작로를 비질하는 일이 주어졌다. 시작하는 첫날부터 마주치는 사람들이 있었다. 두 모자였는데, 어린 내게도 평범하게 보이지 않았다. 어미는 정신을 놓아 시종 중얼거리며 두서없는 말을 했고, 아들 또한 눈에 초점이 없었다. 얼마나 닮았는지 한 눈에도 모자지간임을 알 것 같았다. 나이 가늠이 안 되었지만 어림짐작으론 중학생 정도가 되지 않았나 싶다. 다리가 불편해 지팡이를 짚고 있는 어미의 팔을 아들이 부축하고 걸어갔다.

비쩍 말라 큰 키가 더 커 보였다. 새까만 얼굴에 쌍꺼풀 진 눈이 청승맞아 보였다. 그 눈빛이 싫었다. 총기가 있어 반짝반짝 빛나는 것이 아니라 흐리멍덩한 눈은 초점을 잃고 있었다. 그런 눈으로 날 쳐다보는 것에 소름이 돋았다.

지나가는 시간도 거의 일정했다. 어미도 구차하고 행색이 말이 아니었지만 아들 역시 꾀죄죄했다. 세수를 아예 안 하는지 얼굴이 까맸다. 헐렁한 외투를 입고 있었는데 땟국이 줄줄 흘러 더러웠다. 한 여름에 두꺼운 코트라니. 달리 옷이 없는 건지, 아니면 계절을 전혀 못 느끼는지.

하루는 소년이 건들건들 내 앞으로 다가오는 게 아닌가. 겁에 질려 당황하는 사이 비닐봉투를 휘젓더니 불쑥 손을 내밀었다. 해코지하는 줄 알고 고함을 있는 대로 질렀다. 내 소리에 더 놀란 듯 주춤거리다가 달아나버렸다. 어머니가 달려 나와 뭔 일이냐고 물었지만 대답할 수 없었다. 정신을 차리고 보니 발밑에 사탕 세 개가 떨어져 있었기 때문이었다.

미안했다. 사탕을 주기 위해서였는데 그것도 모르고 소리를 질렀으니. 그 후로 저녁때쯤이면 대문 틈으로 소년이 지나가는가는 걸 쳐다보곤 했다. 눈빛이 청승맞긴 해도 악의가 있는 것 같진 않았다. 불쌍한 마음이 들었다. 뭐라도 챙겨주고 싶었지만 겁났다. 잘해 주면 공연히 따라다닐까 싶어 애써 마음을 돌렸다.

이른 봄, 떠도는 소문을 들었다. 노파가 병으로 세상을 떴고,

아들 또한 어떻게 되었는지 종적이 없다고 했다. 연고도 없는 낯선 곳으로 흘러들어와 헛간에서 비를 피하고 짚더미에서 잠을 잤으니 어찌 편했을까. 게다가 구걸을 하기 위해 먼 길을 오가다보니 온전치 못한 다리에 무리가 많이 갔을 것이다. 읍내까지는 세 시간 거리이니 하루 여섯 시간을 걷는 셈이었다.

두 모자에 대한 소식은 어린 마음에도 충격이었다. 소년에게 소리 지르며 난리를 떤 그 순간이 떠올라 미안했다. 지금도 마음이 편치 않다. 왜 그랬을까. 괜한 오해, 선입견이었다. 해코지하려 한 게 아닌데 다짜고짜 그를 밀쳐내기부터 했다. 따뜻한 마음으로, 시선으로 바라봐야 했는데. 그들 모자에게 해준 게 없다. 나와는 다른 사람이라고 각인시켜 그들을 멀리했다.

지하도에 있는 노숙자들은 여전히 지하도에 산다. 마치 보이지 않는 상자 속에 갇혀 있는 것처럼. 이동하는 것도 지하철을 이용할 뿐 해가 드는 세상 밖을 나서지 못한다. 어른임에도, 올바른 정신과 사고를 가졌음에도 두려운 것이다. 그것을 떨치지 못하고 어둠속에 그대로 묻혀 있다. 어쩌면 영원히 그 속에서 살다 죽을지 모른다.

처음부터 그 자리에 있었던 건 아닐 텐데. 길을 잃고 출구를 못 찾는 것은 아닐까. 무엇이 그들을 어둠속으로 숨게 만들었을까. 안타까운 마음뿐이다. 하루 빨리 태양빛의 따스함을 느꼈으면 좋겠다. 밝음도 알았으면 좋겠다. 늘 웅크리고 있어 작아져만 가는 가슴을 이젠 활짝 열었으면 좋겠다. 용기를 가지고 살아가는 방법도 강구했으면 좋겠다. 시체처럼 살지 말고 숨 쉬는 사람같이.

그들은 아직도 태양빛이 들지 않는 어둡고 숨 막히는 지하에서 죽은 듯 엎드려 있다. 그들에게 태양이 필요하다.

선착장

순구네 집이 보인다. 동네 첫 집이다. 낡은 함석집이 헐리고 그 자리에 양옥이 아담하게 앉았다. 장미넝쿨이 담장 위로 쭉쭉 뻗은 것이 예전의 울타리를 보는 듯하다. 계절 따라 목련이며 함박과 장미, 국화가 만발해 꽃집이라 불렀다.

순구 조부는 편안하신가 모르겠다. 별일 없다면 오늘도 낚시를 갔을 것이다. 소식이 없는 남편을 기다리며 자식 뒷바라지에 한평생을 보낸 순구 조모가 병으로 앞서 세상을 떠났다. 그 후 돌아온 순구 조부는 낚시로 세월을 보냈다. 생선을 팔아서 푼푼히 모은 돈은 손자 학비가 되고 며느리의 용돈이 되기도 했다.

면목이 없어서라고 다들 말했다. 먼저 간 아내에게 손 한 번 따뜻하게 잡아주지 못한 것이 못내 미안했고 또 아비 노릇

제대로 못한 죄책감이 가슴을 파고들었을 것이다.

새벽부터 바다에 나가 해질녘 돌아올 즈음 순구는 선착장에 마중을 나와 있었다. 도시락이며 낚시도구를 챙기는 손자가 기특했다. 아니, 순구에게 마중을 내보내며 속으로 걱정하는 아들의 마음을 읽고 있었다. 겉으로는 무덤덤한 부자지간이었지만 속으로 흐르는 정을 서로 모를 리 없었다.

새벽녘에 잠이 깨면 순구 조부의 마른기침 소리와 선착장으로 몰려드는 사람들의 발걸음 소리가 뒤섞여 들려왔다. 순구 조부는 노를 저어 소리 없이 바다로 나가고 밤새 쳐놓은 그물을 걷은 어부들은 통통배를 이끌고 선착장을 향해 들어섰다. 가까울수록 뱃소리는 커져가고 사람들은 그것이 신호인 양 모여들었다. 굵고 싱싱한 생선을 먼저 사기 위하여 앞 다투어 배에 올랐다.

아낙들은 이웃 동네를 돌아다니며 생선을 팔고 힘이 센 장정들은 읍내에 내다 팔았다. 작은 항구에 사람들이 한바탕 소란을 피우고 돌아가면 산위로 해가 높이 솟아올랐다. 이른 아침의 왁자지껄한 일상이 지나가면 마을은 고요를 되찾았다.

선착장에 앉는다. 오늘 따라 바다가 잔잔하다. 물고기가 보이고 해조류의 움직임이 선명하다. 오염되지 않아 다행이다. 동네 앞은 썰물 때 갯벌이 훤히 드러나지만 선착장은 여객선과 어선들이 드나들 만큼 수심이 깊다. 여름에는 이곳이 놀이터였다. 몇 되지 않는 친구들과 어울려 잘 지냈었는데.

숙이 생각을 한다. 그녀는 두 살이나 위인 내 친구로 옆집에 살았다. 학교를 파하면 모여들어 놀이에 여념 없었다. 여름에는 바다에서 살다시피 했다. 숙이는 깊은 곳에서 자맥질도 하고 남자아이들을 이길 만큼 헤엄을 잘 쳤다. 겁이 많은 나로서는 여간 부러운 게 아니었다.

숙이를 비롯하여 친구들과 갯벌에서 조개도 줍고 해수욕을 즐겼다. 햇볕에 피부를 태워 온몸이 허물 벗듯 벗겨져도 틈나면 바다에 나갔다. 숙이는 키도 컸고 힘이 세어서 큰일이나 어려운 일도 척척 해결해냈다. 그런 만큼 대장이 되어서 우리를 이끌었다. 가끔 싸우는 일도 일어났다. 주로 숙이와 나의 다툼이었다. 다른 애들은 고분고분했지만 의견이 다를 때면 서로의 주장을 굽히지 않았다. 하지만 싸움은 오래가지 않았다. 노는 일이 신나서 하루를 버티지 못했기 때문이다.

여름 어느 날 신나게 놀다가 집으로 오니 숙이네 마당에 동네 사람들이 모여 있었다. 숙이 어머니가 죽었다는 것이다. 갑작스런 사고였다. 좁은 선착장에 서 있던 트럭이 숙이 어머니를 미처 발견하지 못해서였다. 어린 동생을 부여안고 목 놓아 통곡하는 숙이 옆에서 같이 울었다. 숙이네는 조그만 가게를 했다. 그 날도 장사할 물건을 받기 위해 선착장에서 배를 기다리다가 사고를 당한 것이다.

어머니를 땅에 묻고 서울로 떠난다고 했다. 여객선에 실려 이곳을 떠나던 날 동네 사람들은 보이지 않을 때까지 손을 흔들었다. 배가 안 왔으면 했고 정작 배가 왔을 때는 기계 고장이라도 나길 바랐는데 여객선은 제 시간에 뱃고동을 울리며 떠나고 말았다. 눈이 퉁퉁 붓도록 서럽게 울었다. 한동안은 숙이가 보고 싶고 허전해서 밤마다 눈시울을 적셨다.

그 후로 전혀 숙이 소식을 듣지 못했다. 한 번쯤 어머니 묘소에 다녀갈 법한데. 그립다. 싸웠던 기억마저도 소중히 가슴에 담겨 있다. 변변한 위로의 말도 못하고 친구를 보냈으므로 마음이 아프기만 하다. 한 번만이라도 만났으면 좋겠다. 고향을 찾아와 내 소식을 물어온다면 버선발로 달려가 얼싸안을 터인데.

텅 빈 선착장이 넓어 보인다. 만남과 이별이 공존하는 곳이다. 마중 나온 사람들은 흥분과 설렘으로 환해지고 이별하는 사람들은 아쉬움과 걱정스러움이 얼굴에 나타난다. 누군가 나의 얼굴을 본다면 필시 진한 그리움이 배어 있음을 느끼리라.

숙이가 떠나고 나서부터 선착장은 기다림의 장소가 되었다. 다시 돌아올 것만 같아 마중을 나갔다. 온다는 기별을 받은 것은 아니지만 매일 기다리다 보면 언젠가 오리라 믿으며 선착장 한켠에 서서 내리는 사람들의 얼굴을 확인하곤 했다. 다들 환한 웃음을 보이며 손을 맞잡고 돌아간 사람들 뒤에 홀로 남아 복받치는 울음을 참지 못하고 토해냈다.

이제 자리를 털고 일어서야 한다. 어둠이 선착장을 덮어온다. 숙이 어머니의 죽음도, 그로 인해 떠나버린 숙이네도, 순구 조부의 착잡함도 어둠 속에 묻힌다. 지금은 텅 비었지만 내일 새로운 해가 떠오르면 또 다시 바쁜 사람들의 일상이 시작될 것이다.

떠나보내는 이와 찾아오는 이들이 어우러진 이곳에서 나는 숙이를 기다릴 것이다. 순구 조부가 돌아온 것처럼 숙이도 고향을 꼭 찾을 것이라 믿는다. 떠나간 벗이 찾아올 곳이고 나 역시 그녀를 기다리며 서 있는 곳, 이곳 선착장에서 우리는 유년을 떠올리며 긴 회포를 풀 것이다.

웃음을 찾아서

식구가 또 늘었다. 아이가 줄줄이 딸린 대가족이 이사를 왔기 때문이다. 시끌벅적 정신이 없다. 동네사람들 모두가 짐 풀어 정리해주느라 바쁘다. 오는 사람도 맞이하는 사람도 한결같다. 이상한 눈초리로 바라보거나 그 어떤 선입견도 보이지 않는다. 마치 그전부터 서로 알고 지내던 사람처럼 자연스럽다. 따뜻함으로 두 손을 감싸며 환한 웃음으로 인사를 대신한다.

오줌싸개 쌍둥이 녀석들이 오늘은 키를 둘러쓰지 않았다. 온갖 개구쟁이 짓을 다하더니 점잖기만 하다. 냇가에서 세수를 하고 왔는지 얼굴 또한 말끔하다. 새로 온 제 또래 계집아이에게 은근슬쩍 잘 보이려함인지 모르겠다.

자정이 되면 나는 현실의 세상과 단절한다. 아무도 침범하지 않는 나만의 세계에 빠져든다. 이름하여 소국小國이다. 낮 동안의 고단함도 시린 마음도 이곳에 발을 들여놓는 순간 깨끗이 지워진다. 언성높이고 왈가왈부하며 줄기차게 언쟁하던 삶의 흔적들을 털어 버리고 그들, 토우들이 사는 세계로 달려간다. 낮 동안 정지되어있던 그네들 또한 기다렸다는 듯 모두 깨어난다. 활력이 넘치는 소국에서의 일상이 시작된다. 이제 그들과 어우러져 한바탕 신명나는 시간을 보낼 참이다. 시름을 잊어서 좋고 슬픈 눈동자로 만물을 바라보지 않아서 좋다. 누가 감히 내 영역을 침범할 것이며, 나의 세계를 알려 들 것인가.

소국에서 제일 먼저 두 모녀를 만났다. 묵묵히 제 할 일만 하고 나에게 별다른 관심을 보이지 않아 처음엔 말을 걸지 않았다. 말수가 적은 그들에게 말붙이기가 쉽지 않았던 때문이다. 그러나 소곤거리는 언어들을 엿들으면서 정을 붙이기 시작했다. 얼마나 다정스럽고 애틋한 눈길로 미소짓는지. 모녀는 밤을 지새며 정답게 바느질을 해나갔다. 얼굴엔 고단함이 묻어났지만 딸과의 정겨움이 그것을 지워가고 있었다.

그네들과의 인연으로 새로운 식구들을 만나게 되었다. 두 번째 만남은 노부부였다. 할아버지는 근엄한 데라곤 없었다. 굵게 패인 주름까지도 정겹기만 했다. 소리 없이 할아버지의 시중을 드는 할머니의 얼굴도 자상함이 가득 찼다. 부부의 연을 맺어 오순도순 오래도록 살아왔으니 생김새마저 닮는 모양이다. 노부부는 두 손주의 재롱에 밤새는 줄 모른다. 작은 손자 녀석 할아버지 무릎에 앉아 쉴새없이 재잘거리고, 큰 손녀딸 턱을 고이며 할머니가 들려주는 옛이야기에 두 눈이 초롱초롱 빛난다.

일곱 가구가 정겹게 살아간다. 각기 다른 인연으로 만났어도 부모 같고 형제 같은 이웃들이다. 아니, 한 식구들이다. 마을을 돌아다니며 안부를 묻는다. 모두들 반가워하며 덥석 손부터 잡는다. 매일 똑 같은 인사를 나누지만 늘 다정스럽다.

삼돌이네 부부가 새벽같이 집을 나선다. 쉴 새 없는 농번기가 아닌가. 시집 안 간 시누이가 조카 보랴 새참에다 점심 준비하랴 여간 분주한 게 아니다. 그런데도 싫은 내색 한번 안 하니 참 어진 시누이다. 올 가을농사 거두고 동네 칠복이와 혼인을 할 참이니 남은 기간동안 집안 일 거들고 조카도 잘 거둬 먹일 요량인가 싶다. 복스런 얼굴에 착하기까지 하니 시집가면 시어른들 사랑 듬뿍 받고 살겠다.

참, 판술이네 집에 경사가 났다. 떡두꺼비같은 사내아이가 태어나 온 집안이 들썩거린다. 아이아버지 덩실덩실 어깨춤을 추는데, 어찌나 좋은지 입이 귀에 걸렸다. 막둥이 남동생 덕에 누이들 함지박 가득 담은 떡 돌리느라 바쁠 것 같다.

언덕배기에 온 동네 아이들이 다 모였다. 누가 힘이 가장 센지 한바탕 씨름판이 벌어졌다. 다들 저고리 벗어 던지고 맹렬한 기세로 달려든다. 선수를 둘러싸고 이편저편 갈라서 응

원하는 열기가 대단하다. 아무래도 가장 힘이 센 억쇠가 만복이를 번쩍 들어 메칠 것 같다. 언덕바지에서 신나게 미끄럼 타고 내려오는 아이들의 궁둥이가 불난다. 풀물이 진하게 들어 잘 지지도 않을 터인데. 빨래 감만 잔뜩 만들어 누이의 팔이 저리겠다. 오줌싸개 아이들의 주특기인 멀리 오줌누기 시합도 볼 만하다.

얼굴 붉히며 바락바락 악쓰는 아낙네도 없다. 바가지에 삶은 감자 몇 알 담아서 빨래터로 나오면 거기가 그네들의 세상이다. 사는 것이 엇비슷하니 누구를 비교하며 누구를 비웃음의 대상으로 삼아 흉을 볼 것인가.

싸움꾼이 없으니 송사를 일으킬 일도 당연 없다. 아이 싸움이 어른 싸움이라 해도 이곳은 다 한 형제요 식구 같으니 위계질서를 말해 무엇하랴. 도둑 또한 있을 리가 만무하다. 금덩이를 숨겨두어 걱정할 것인가. 비단을 쌓아 놓아 마실 나갈 일이 걱정인가. 담장이 왜 필요하며 대문은 무엇 하러 잠가 둘 것인가.

소국에서는 큰소리가 나지 않는다. 우는 사람도 없다. 웃는다. 그네들을 보고 있으면 한결같이 웃고 있다. 어른 아이 할 것 없이 같이 즐기고 더불어 웃는다. 나도 따라 웃는다. 박장대소다. 뱃속에서부터 절로 터져 나오는 웃음이다. 웃고 또 웃어도 웃을 일만 생긴다. 웃지 않고는 못 배기는 곳, 그곳이 나의 세계 소국이다. 현실세계에서는 웃어야 할 때 제대로 웃어야

실수가 없지만 이곳에서는 웃음에 그 어떤 법칙도 세울 일이 없다.

아쉬운 아침이다. 이제 다시 세속의 인간으로 돌아온다. 그럼에도 내 얼굴이 환하다. 애써 웃는 연습을 이제는 하지 않아도 된다. 소국에서의 일상이 오랜 동안 굳어있던 내 표정을 바꿔놓았다.

웃음은 소국의 이웃들이 내게 준 귀한 선물이다.

일곱째 날

길을 잃고 한 가운데 섰다. 한 치 앞이 보이지 않는다. 오지도 가지도 못하고 그 자리에 멈춰 서서 어찌할 바를 모른다. 그를 놓친 순간 바보가 되었다. 기가 막힌다. 당황스러워 헛웃음이 난다.

간밤에 그를 놓쳐버렸다. 나의 부주의 때문이었다. 물을 잔뜩 먹은 그가 날 외면하기 시작했다. 내 말을 듣지 않는다. 불러도 대답 없고 어루만져도 미동이 없다. 늘 복종하고 순종하고 한 치의 어긋남도 없더니 화가 많이 난 모양이다.

실수한 순간이 자꾸 떠오른다. 조금만 주의했더라면. 나 자신을 질책한다. 그를 만난 지 얼마나 되었다고. 이제 겨우 두 달째인데. 처음엔 너무 까다로워서 만난 걸 후회했다. 예민하고 여지없는 성격에 피곤함이 몰려와 짜증이 났다. 그런데 조금씩 그에게 익숙하니 배울 것이 많았다. 단순한 것만 가르쳐 달라는데 더 많은 걸 알라 한다. 국내외 소식은 물론 몰랐던 정보도 덤으로 알게 해 주니 앎에 대한 즐거움이 쏠쏠했다. 시간과 장소에 구애받지 않으니 편한 일상의 연속이었다.

돌이켜보니 그와 난 참 가까운 사이였다. 깊은 잠에 빠졌다가 잠시 눈을 뜨면 그부터 먼저 찾았다. 몇 시냐고 물어봐도 지체 없이 알려주던 그였다. 늦잠 자지 말라고 정확히 나를 깨워주던 그였다. 한 밤중이든 나른한 오후든 귀찮은 기색을 한 번도 내지 않았다. 실수로 그의 몸에 생채기를 내어도 내 팔꿈치에 밀리어 곤두박질쳐져도 아픈 내색조차 하지 않았다.

부재중이라는 걸 깜박 잊고 자꾸 그를 찾는다. 습관적이다. 불안하여 신경이 곤두선다. 주머니에 손을 넣다가도 그를 떠올리고, 그가 늘 들어있던 핸드백을 보기만 해도 그립다. 아니 절실하다. 잠시라도 볼 수 없다는 게 고통이다. 그를 통하여 당장 전달할 중요한 일도 있는데 어떻게 해야 할지 난감하다.

아는 게 너무 많은 그였다. 어떻게 그 많은 것들을 다 기억하고 있는지. 물어볼 때마다 지체 않고 알려주니 신기할 따름이었다. 그런 그를 너무 의지했나 보다. 정작 나는 아는 게 없다. 연락번호 몇 개를 제외하곤 도무지 기억나는 게 없다. 그를 알기 전엔 제법 많은 숫자들을 머릿속에 담아두어 필요할 때마다 꺼내곤 했는데.

나 스스로 기억해 내자니 도무지 떠오르지 않는다. 자꾸 오류가 난다. 가물가물하여 실수연발이다. 숫자 일곱 개를 조합한 덩어리가 구름처럼 내 머릿속을 두둥실 떠다닌다. 잡으려 손을 뻗쳐 보지만 허사다. 잡았다 싶으면 숫자 하나가 슬그머니 손아귀를 벗어나 도망간다. 일곱 자리도 어려운데 열한 개를 조합한 숫자를 기억해 내라니 말도 안 된다며 반란을 일으킨다. 결국 해야 할 일을 던져 버리고 만다.

그는 나의 비서이며 오랜 친구였다. 그런 그가 순식간에 문을 닫아버렸다. 찬찬하고 모르는 게 없던 그가 이제 날 외면한다. 그간의 정도 끊어버리고 가르쳐 달라 아무리 사정하고 빌어도 모른 척한다. 오늘의 날씨나 계산은커녕 심지어 내가 가르쳐 준 지인들의 주소와 전화번호, 생일만이라도 돌려달라는데 무반응이다.

그가 없는 첫째 날, 대란이었다. 식구들이 몽땅 지각을 한 것이다. 늘 나를 깨워 주던 그가 부재중임을 잊은 때문이었다. 식구들을 먼저 보내고 나 역시 헐레벌떡 진땀을 흘리며 일터로 향했다. 일이 손에 잡히지 않는다. 무의식중에 그를 찾으려 핸드백을 뒤진다. 누군가 급한 일로 나를 찾을 것만 같은데 연락이 닿지 않으니 얼마나 애가 탈까.

그가 없는 둘째 날, 지인들과의 안부가 오고갈 오후인데도 그가 없으니 조용하다. 호주머니 속에서 그를 만지던 감촉이 그립기만 하다. 외로움을 느낀다. 할 일 없는 사람처럼 우두커니 앉았다.

그가 없는 셋째 날, 마음이 조금 수월해졌다. 포기에서 오는 체념이려니. 급한 일이면 어떻게 해서라도 연락을 취해 오겠지 싶어 느긋한 마음마저 든다. 핸드백을 볼 때도 그다지 그를 떠올리지 않았고, 호주머니 속에 손을 집어넣는 일도 둔해졌다.

그가 없는 넷째 날, 마음이 편하다. 진동으로 맞춰둔 핸드폰에 눈길을 두지 않아도 되니 그만큼 시간적인 여유가 생긴다. 지인들과의 수다도 줄었고, 그로 인해 요금이 절약되니 금상첨화다.

그가 없는 다섯째 날, 이젠 그가 없어도 될 것 같다는 생각을 은연중 해본다. 조금 불편함은 있겠지만 없어서는 안 된다는 고정관념에 종지부를 찍는 날이었다.

여섯째 날, 그가 돌아왔다. 그래도 있는 게 낫다는 생각을 하며 반긴다. 그런데 그가 이상하다. 물에 빠진 후유증인지 버튼을 두 번 세 번 눌러야 작동이 되고 또 제풀에 스르르 꺼지기도 한다. 완벽하고 똑똑하기만 했던 그에게서 허점이 보이기 시작한다. 한 치의 어긋남도 없던 그가 한심해 보인다. 바보 같다. 이런 그를 믿고 애지중지했다니. 그간 너무 빠져있었다.

그동안 무엇에 의지하며 살아왔던가. 나 편하고자 복잡한 일을 그에게 맡겨버리다 보니 세부의 일을 어찌 속속들이 알 것인가. 스스로 배우고 습득했어야 온전히 내 것이 되는데 나를 대신하여 계산하게 하고 외우고 기억하게 했으니 정작 내 머릿속은 백지상태다. 일곱 자리 전화번호조차도 그의 몸속에 담아두고 나 자신은 편하게 버튼 하나만 누르며 살아왔다. 영락없는 게으름뱅이다. 편함에 길들어져 기초적인 계산조차 그의 힘을 빌리려 하니 내가 진정 바보다.

이젠 그를 떼어 놓으려 한다. 처음엔 그를 놓쳐 서운하고 아쉽고 절실한 마음뿐이었다. 그러나 언제 다시 침묵할지 모르는 그이기에 온전히 맡기기가 두렵다. 그 덕분에 편한 삶을 영위하고 있지만 다시 그가 침묵한다면 모든 걸 잃고 말 것이다.

일곱째 날, 그에게서 겨우 돌려받은 가족들과 친구들과 지인들의 연락처를 머릿속으로 넣는 작업을 한다. 여전히 숫자들이 숨바꼭질하듯 나타나고 숨기를 반복하지만 하나하나 찾아내어 꼭꼭 묶어둔다. 얼마가 걸리더라도 이 작업을 계속하며 문명의 이기를 서서히 멀리할 참이다.

병상일기

병실의 분위기란 그렇게 평온한 것만은 아니다. 두려움과 고통을 참아내며 자신이 가지고 있는 병마를 몰아내려 찾은 곳이기 때문이다. 나 역시 미루고 미뤘던 과제를 해결하기 위해 환자복을 입었다.

갈아놓은 하얀 시트 위에 몸을 실었다. 앞서 나갔을 환자도 처음엔 지금 내 마음처럼 무거움으로 착 가라앉았을 테지. 곧 있을 수술의 두려움으로 온 몸이 경직되어 감을 느낀다. 손가락 한 마디도 움직이고 싶지 않다. 복잡한 심정으로 하릴없이 창 밖을 보는데 누군가 날 부른다. 두어 번의 소리에 마지못해 고개를 돌린다.

할머니다. 알고 싶다는 표정으로 날 응시한다. 뜸을 들이다가 내 예상대로 어디가 아픈지, 어디서 왔는지, 수술은 언제

하는지 물어온다. 그러나 악의가 보이지는 않는다. 묻는 대로 얘기하고 싶지 않은 게 솔직한 심정이다. 만사가 다 귀찮게 느껴져 그래서는 안 되지만 건성건성 대답을 해주었다. 물론 병명에 대해서도.

하루전날 입원해야함에도 일을 핑계 삼았다. 당일 오전에 입원하여 오후에 수술을 받기로 했다. 전날부터 맘 졸이며 날 밤을 새고 싶지 않았기 때문이다. 병원이라는 그 자체가 바위 덩어리 마냥 내 몸을 누르고 조여 올 테니까.

더디게 가는 오전의 시간들을 지루하게 보냈다. 수술실에 옮겨진 나는 낡은 천장과 퇴색된 벽면을 번갈아 보다가 잠들어 버렸다. 그리고 몇 시간이 지난 후 살아있음을 소리로 주변 사람들에게 알렸다.

하루를 꼬박 앓으며 보냈다. 그 다음날은 할머니의 잔소리로 보냈다. 그 때의 심정은 잔소리로 들렸다. 일거수일투족을 살펴보면서 참견을 해왔다. 대답하기조차 힘겨운데 왜 그리 묻는 건 많은지. 난 아파서 죽을 지경인데. 가만히 보니 나에게만 아니라 할머니 시야에 보이는 대상은 다였다.

삼일 째 아무것도 먹지 못했다. 미음이 나왔지만 일어나기가 괴로워 누워 있었다. 혈관 속으로 영양제가 투입되고 있었기에 별반 걱정이 안 되었다. 문제는 할머니였다. 애가 타서 어쩔 줄 몰라 했다. 식사를 하지 않으면 덩달아 수저를 들지 않았다. 애처로운 눈빛으로 애원하는 것 같았다. 문득 노인에게서 아버지가 떠올랐다.

유년의 난 큰 무기를 가지고 있었다. 꾸중을 들으면 단식을 하는 거였다. 하루쯤 굶는 건 이력이 나있는 터였기에 어려운 일이 아니었다. '이번엔 딸아이 성미를 꼭 고쳐야지' 하며 내버려두다가도 결국 아버지가 손을 먼저 드셨다.

할머니가 그랬다. 우리 아버지 못지않았다. 먹지 않는다고 어떻게나 야단야단 하시는지 고집 센 나도 할머니의 성화에 그만 항복을 했다. 세 끼 죽을 꼬박 먹어야한다는 게 힘들었지만 버틸수록 말수가 늘어가니 차라리 먹는 게 나았다. 딸네와 며느리가 만들어 온 반찬을 꺼내 병실사람들에게 나눠주는 것은 물론이고, 심지어는 환자를 보러 온 사람에게까지 밥을 챙겨 먹이니 예사 마음이 아니었다. 그 정도에서 그쳐도 되련만 입가심이라며 과일을 깎아내었다.

그런 마음이니 나를 내버려 둘 리가 없었다. 당신의 딸 마냥 애가 타는 모양이다. 몸만 성하다면 미역국을 시원하게 끓여와 나에게 먹이고 싶다는 것이다. 할머니의 말씀이 차츰 진실로 들렸다. 집에서도 세 끼를 온전하게 먹어 본 적이 없는데 참 희한한 일이었다. 할머니의 한마디에 수저를 들고, 잘라주는 과일 한쪽을 입에 대었다.

시간이 지남에 따라 수술한 부위도 서서히 나아가고 있었다. 여유가 생기니 이번엔 내가 할머니에 대해서 일거수일투족이었다. 다리를 다쳐 4개월 넘게 병상에 있다는 할머니는 염증이 날만도 하건만 씩씩했다. 뼈를 고정시키기 위해 쇠를 박은 뭉치가 얼마나 힘겨울 것인가 싶다가도 표정을 보면 전혀 아닌 것 같았다.

집 텃밭에 심어놓은 과실을 따 동네사람들에게 나눠주러 가다 오토바이에 받혔다는 것이다. 찡그림도 없이 다치게 한 사람에 대해 원망도 없이 시종 웃어가며 병실을 찾는 사람에게 사연을 들려주었다. 그 동안 얼마나 많은 사람들에게 자신의 얘기를 했을까 짐작이 갔다. 누군가 우리 병실에 들어서면 '이제 또 할머니의 파란만장한 사고경위를 듣게 되겠지.'하며 혼자 속웃음을 지었다.

할머니를 유심히 쳐다본다. 나이 든 태가 나지 않는다. 올해 칠순을 맞는 나이임에도 육십을 조금 넘긴 것 같다. 시골양반 같지 않게 피부도 곱고 예쁜 얼굴이다. 또 한 가지는 그 나이에도 젊은 사람과 대화가 된다는 것이다. 보통 몇 마디 주고받으면 더 이상 할 이야기도 없고 대화가 끊어지기 마련인데 전혀 막힘이 없었다.

열흘 가까이 병원생활을 했다. 입원해 있는 동안 할머니와 나, 그리고 몇 번이나 들고난 환자와 다 화목하게 보냈다. 얘기도 끊어지지 않았고 서로 먹을 것 나눠가며 잘 지냈다. 이틀 있다가 가는 환자도 그냥 고개만 끄덕 하련만 할머니의 손을 잡으며 작별 인사를 했다. 그들 또한 할머니의 챙겨주는 마음이 고마워서였을 것이다.

가족이 아닌 사람들이 모였지만 식구처럼 잘 지낼 수 있었던 것은 온전히 할머니의 다정다감한 마음 때문이 아니었나싶다. 나 역시도 할머니가 아니었다면 옆의 환자와 별 대화 없이 보냈을 것이다. 할머니가 먼저 나누고 배려하고 베풀었기에 같이 있는 동안 아픔을 잊고 재미있게 보냈던 것 같다.

할머니는 잠시도 쉬는 법 없이 말꼬리를 물었다. 무슨 얘깃거리가 끝없이 줄줄 나오는지. 그럼에도 사람의 마음을 다치게 하지 않는 것이다. 동네반장이라는 별명을 지었을 만큼 수다가 많았어도 단 한마디 남의 흠을 잡거나 꼬투리를 물지 않았기 때문이다.

할머니로부터 그걸 깨쳤다. 말이 많은 만큼 실수가 따르기 마련이라지만 할머닌 남의 얘기를 가볍게 하지 않았다. 여러 사람들과 같이 병상에 오래 있으면서도 할머니라고, 늙은이라고 도외시되지 않았던 것은 고운 마음이 늘 자리 잡고 있었던 때문이었다. 나이가 들면 저절로 그렇게 되는 것이 아니었다. 또 오랜 연습을 해서는 더욱 아니었다. 본디 가지고 있는 성품이 그러했기 때문이다. 병실 문을 나서며 나 역시 할머니의 손을 잡았다.

병원은 두려움의 대상이긴 하지만 삭막한 곳은 아니었다. 정이 배어 있었다. 같은 아픔을 겪고 있기에 다 보듬어 안는지도 모른다. 그 곳에 들어서는 순간 모든 껍질을 벗어버리고 동류가 된다. 그래서 아픔과 고통이 있지만 웃음도 같이 존재

하는 것이다.

퇴원을 하고 얼마 지나지 않아 한 통의 전화를 받았다.

고양이 눈

난, 낮을 피해 늦은 밤에만 돌아다니지. 이제 슬슬 채비를 해 볼까. 차 소리도 잦아들고 있으니 큰길 건너기가 한결 수월하겠지. 한 집 한 집 불빛도 꺼져가고 있으니 곧 인적도 끊어질 테고. 그런데 자꾸 겁이 나는 걸. 오늘도 불청객이 나타나는 건 아닐까 해서지.

사방이 깜깜하군. 다들 자는지 불이 거의 꺼졌어. 일단 아파트에 도착하면 입구에서부터 주위를 살펴야 해. 섣불리 나섰다간 낭패를 볼 수도 있으니 뜸을 좀 들이면서 동태를 살펴야지. 조심만 한다면 이 아파트는 내가 활동하기에 안성맞춤이야. 전기세 아끼느라 외등을 일찍 꺼버려 사방이 깜깜하거든. 거기다 경비도 없어. 하지만 전혀 문제가 없는 건 아니야. 여기에 사는 아줌마와 가끔 맞닥뜨려서이지.

처음엔 정말 놀랐어. 음식물 수거함을 간신히 열고 식사를 하려는 찰나, 현관에서 누군가 불쑥 나오지 뭐야. 도망이 최고다 싶어 얼른 사철나무 속으로 납작 몸을 엎드렸지. 도대체 이 시간에 누굴까 하여 얼굴을 뚫어져라 쳐다봤지. 그리 고약한 인상은 아닌 아줌마였어. 다행이지. 남자였다면 되게 혼났을 거야. 나의 출현에 아줌마도 놀랐는지 넋을 놓고 서있더라고. 빨리 들어갔으면 싶었는데 정신을 차리고도 한참이나 여기저기 둘러보고 세세히 살피는 거야.

무척 속상했어. 그 안에 맛있는 생선과 고기가 얼마나 많았는지 몰라. 포기하고 가려 해도 먹음직스런 먹이가 자꾸 떠올라 발이 떨어지지 않는 거야. 제법 기다렸지. 아줌마가 들어가고 난 뒤 수거 통을 열려하니 웬걸 꿈쩍도 않는 거야. 꺼내지 못하도록 얼마나 단속을 단단히 해뒀는지 꼼짝없이 밥을 굶을 수밖에 없었어.

돌아온 나는 허기진 배를 움켜쥐며 잠을 청해야 했어. 그런데 잠은 오지 않고 예전에 살았던 동네 새댁이 자꾸 떠오르는 거야. 고양이라면 유달리 넌더리를 치는 새댁이었어. 늦은 밤에 아기 울음소리를 내어 야단법석을 떤다고 나무라고. 무리지어 돌아다니며 시끄럽게 해서 선잠을 자는 통에 시어른께 꾸중 들었다고 혼내고. 구박이 여간 아니었어. 우리들에겐 좋은 짝을 찾으려는 몸부림이며 최선의 방법인데 말이지.

다들 우리 보고 영물이라면서 왜 싫어하지. 좋은 말을 해

놓고 흘겨보긴 왜 흘겨보는지 모를 일이야. 사실, 마음이 편하진 않아. 간혹 새댁네 먹을거리를 살짝 가져왔거든. 집안에 있는 생선이나 고깃덩어리를 잽싸게 가져가니 좋은 마음일 리 있겠어. 하지만 사람들이 좀 더 조심했어야 했어. 가져가기 좋게 내버려두다시피 했으니 나에겐 더 없는 표적이며 맛난 먹잇감이지. 잘못한 건 사실이지만 사람들에게 불만도 없지 않아. 그 많은 걸 좀 나눠먹어도 되잖아. 음식수거함을 보라고. 먹을 수 있는 것도 마구 버리면서 우리에게 인색하긴. 하도 구박하는 통에 이사를 왔는데, 이 아줌마도 새댁과 똑같은 사람이면 어쩌지. 또 이사를 해야 하는 걸까. 아니야, 잘 살펴봐야겠어. 그리 나쁜 인상은 아니더라고.

요즘, 아줌마랑 자주 마주쳐. 음식수거함을 관리하고 있대. 음식쓰레기 칩을 끼우러 늦은 밤에 나오나봐. 아줌마는 여전히 날 무서워하고 싫어해. 섬광처럼 두 눈에서 빛을 내며 달려들 것만 같대. 깜깜한 밤에 웅크리고 앉아 기회를 노리고 있는 게 소름 끼친대. 털을 있는 대로 세우며 무언가 낚아채려 사방을 살피는 것 같대. 새까만 고양이는 진짜 싫대. 그나마 다행이야. 난 연갈색 털을 가진 고양이거든.

보름쯤 지났을까. 아니 달포는 된 것 같아. 난 이제 아줌마랑 마주쳐도 달아나지 않아. 아줌마가 갈 때까지 그냥 웅크리고 가만히 앉아 있어. 더 이상 무서운 존재가 아니란 것을 알아챈 때문이지. 오히려 나를 무서워 해. 빤히 쳐다보는 게 싫은가 봐. 절대 눈을 마주치지 않으려 해. 그게 아닌데.

날이 가면서 시나브로 미운 정 고운 정이 들었나 봐. 측은지심, 내가 가엾대. 먹이를 슬며시 내려다놓고 못 본 척 돌아서네. 아예 밥그릇을 가져와 한 구석에 숨겨 놓았어. 내가 오면 거기에다 밥을 챙겨 주려는 배려겠지. 이젠 아줌마를 기다려. 어쩔 땐 낮은 소리로 아줌마를 부르기도 해. 아직도 마음을 다 열진 않았나 봐. 눈만큼은 마주치지 않으려 하니 말이야. 난 아줌마랑 친해지고 싶은데. 그래서 매일 인사하는데 도통 몰라주니 정말 안타깝고 속상해.

오늘은 너무 기분 좋은 날이야. 드디어 아줌마가 나에게 말을 걸어왔어. 다정하게 "나비야" 하면서 나를 부르더라고. 텔레비전 채널을 돌리는데, 고양이 얘기가 나오더래. 주인의 목숨을 구한 고양이가 화제에 올라 사람들의 마음을 흐뭇하게 했대. 감동해서 보는데 고양이에 대한 상식 한 가지를 알려주더래. 비로소 오해가 풀린 거야. 그동안 내가 얼마나 인사를 열심히 했는지 아줌마가 알게 되었는가 봐.

우리 인사법은 서로 마주보고 눈을 '껌벅' 하는 거거든. 아줌마는, 대부분의 동물들이 특히 사나운 동물은 눈을 마주치면 경계하거나 적대감으로 달려들 거라 생각했대. 개만 봐도 그렇대. 주인이 아니면 흰 이빨을 드러내고 으르렁거리며 경계하는 걸 자주 봤대.

굉장히 혼란스러웠나 봐. 여태 내가 한 행동을 되돌아봤대.

분명 아줌마를 빤히 쳐다보고 있었지. 눈을 껌벅한 건 인사였고. 먹을 걸 챙겨 줬으니 고맙다는 감사의 표현이었지. 그것도 모르고 해코지할까 봐 일부러 눈길을 피해서 얼마나 섭섭했는지 몰라.

용기를 내어 아줌마를 제대로 쳐다보았어. 두 눈을 살짝 감았다 떴지. 다시 재차 느리게 껌벅했어. 기적이 일어났어. 드디어 아줌마가 날 따라했어. 분명 눈을 감았다가 다시 떴어. 살며시 아줌마 옆에 가서 다리를 비비적거리며 바짝 붙었어. "야옹"하며 낮은 소리도 냈지. 다리에 닿는 털의 촉감이 아직은 익숙하지 않은지 긴장을 하는 것 같더니 이내 모른 척 몸을 맡기고 있어.

아줌마가 나의 털을 쓰다듬기까지 해. 손길이 얼마나 부드러운지 몰라. 비로소 진정한 친구가 된 것 같아. 몇 번이나 눈을 마주치며 인사를 나누었는지 몰라. 내 눈을 쳐다보면서 이젠 섬뜩하지 않대. 기회를 노리는 눈이 아니래. 다정한 속삭임이 얼마나 내 마음을 편하게 하는지.

아줌만 여태껏 마음을 열지 않고 살았대. 진실인지 아닌지조차 알려하지 않았대. 오해한 적도 참 많았대. 본인의 잣대로만 사람들을 판단하고 자로 재어왔기에 상대방의 마음을 아프게 했대. 얼마나 많은 사람들을 힘들게 하고 슬프게 했을까 반성한대. 부끄러움으로 얼굴이 화끈거린대. 그리고 깨닫게 해줘서 참 고맙대.

아줌마가 그랬어. 사람들이 얼마나 고양이의 인사법을 알고 있을까. 혹여 자신이 그랬던 것처럼 오해하고 있진 않을까. 그 동안 사람들의 눈을 보면서 순간의 오해로 진실을 외면하진 않았는지 아줌마는 걱정이래. 호의의 눈길을 주는 데도 알아차리지 못하고 지나치진 않았는지 반성이 된대.

앞으론 나를 바라보는 눈길이 때론 부드럽지 못하더라도 함부로 판단하고 성급해하지 않을 거래. 눈 마주치기를 잘 할 거래. 두 눈에 숨은 진실을 잘 알아볼 수 있도록 눈을 크게 떠서 껌벅 인사할 거래.

어느 순간부터 아줌마를 깊이 신뢰하고 있음을 깨달았어. 얼마 전부터 해왔던 고민이 해결될 것 같아. 다시 이사할 일도 없을 것 같아. 내일 아줌마를 만나면 얘기해야지.

"아줌마, 나 새끼를 가졌어요."

이별의 단상

이별은 고통이다. 다시 볼 수 없는 영원한 이별의 심경은 참담하리만치 아리다. 보고 싶을 때 볼 수 없고, 하고 싶은 말을 더 이상 전할 수 없다는 것에 가슴이 멘다.

작년에 지인을 잃었다. 갑작스런 사고로 같은 날 부부가 유명을 달리했다. 충격이었다. 넋을 잃고 주저앉아 한동안 일어설 수 없었다. 혹여 꿈은 아닐까. 영정 속의 지인은 나를 반기듯 환하게 웃는데. 금방이라도 불쑥 나타날 것만 같은데. 차가운 관속에 누워 있을 그녀를 생각하니 눈물이 멎지 않았다.

이웃으로 만나 십오 년의 세월을 같이 했다. 아직도 실감이 안 난다. 길을 가다 그녀를 닮은 목소리를 듣고는 나도 모르게 귀를 세운다. 비슷한 모습을 보면 시야에서 사라질 때까지 바라본다. 다들 그만 놓아주라고 하는데 그럴수록 애절하고 그리움은 더해간다.

그녀의 흔적이 집 안에 남아 있다. 작은 화병과 머그 잔, 벽면에 걸어놓은 국화액자는 여행길에 사다 준 선물이다. 찬장 한 구석에서 주인을 기다리는 그릇을 보면 불현듯 그녀가 떠올라 눈시울이 젖는다. 먹을거리를 담아왔던 그릇들을 미처 챙겨주지 못했다. 뭘 담아 보낼까 하는 사이 돌려주기엔 너무 먼 곳으로 가버렸다.

일주기가 가까워오는 날 그녀 꿈을 꾸었다. 나를 찾는다는 소리에 달려갔지만 뒷모습만 보인 채 끝내 돌아보지 않았다. 발걸음은 또 왜 그리 빠른지. 꿈에서 깬 나는 허망함에 눈시울이 젖었다.

아직도 그녀의 죽음이 믿기질 않는다. 너무 급작스러웠다. 예정에 없던 이별이었기에 오래도록 슬픔에서 헤어나지 못했다. 고마웠던 마음을 전하지 못함이 남아서였고, 시간 내어 같이 여행 가자던 약속을 지키지 못한 아쉬움이 남아서였다. 먹을거리를 담아온 그릇을 정으로 채워 돌려주지 못한 애틋함이 목에 걸려 지금껏 그녀를 놓지 못하고 있다.

오늘 또 한 친구를 보냈다. 지인을 보낸 지 일 년 만이다. 건장하던 친구의 몸무게가 삼십오 킬로까지 내렸다. 그런 몸으로 여태껏 버텨 왔는데 마침내 오늘 삶의 끈을 놓아버렸다. 얼마나 힘들고 고통스러웠기에 한번 놓으면 다시는 잡을 수 없음을 알면서도. 불가항력이었겠지.

투병 생활 삼 년째. 나아지나 싶더니 병은 다시 고개를 들고 일어나 친구를 괴롭혔다. 하루하루가 다르게 수척해가는 얼굴과 거친 숨소리를 들으면서 친구에게로 다가서는 어두운 그림자가 커져가고 있음을 알 수 있었다.

친구의 시선은 자주 창밖을 향했다. 환자복을 입었음에도 걸어 다니는 그 사람들을 부러워했다. 저 사람들처럼 걸어 다닐 수 있을까. 아마 그럴 수 없을 거라며 혼잣말을 했다. 흘겨보며 맘에 없는 꾸지람을 했다. 약한 소리 말고 빨리 회복해서 예전처럼 동창들 불러 수다 떨자며 목 메인 목소리를 애써 감춰야했다.

가끔 친구를 찾았다. 씩씩한 목소리로 농담하며 웃음을 보일 때도 있었는데 어느 순간부터 그마저도 사라졌다. 자신에게 닥친 운명을 서서히 받아들이고 있었음인지. 무언가를 준비하는 듯 생각이 깊어졌다. 돌아가는 나의 손을 잡으며 건강 챙기라는 당부를 수없이 했다.

해줄 수만 있다면 수없이 찔러대는 주사를 차라리 내가 맞아주고 싶었다. 눈앞에 놓인 미음 한 숟가락을 제대로 삼키지 못하고 친구는 내 곁을 떠났다. 예정된 이별이었어도 눈물은 쉽게 거둬지지 않았다. 병마와 싸우는 곳이 아닌 병 없는 저 세상에서 환한 웃음으로 미소 짓길 바랐다. 혈관조차 숨어버려 심장 가까운데 구멍을 내어 주사를 맞아야 했던 고통도 모두 놓아버리게. 알약을 삼키며 진저리를 치던 두려움이 없는 세상에서 편안할 수 있게.

꿈을 꾸었다. 동창모임에 친구가 왔다. 병상의 얼굴이 아닌 건강했던 예전의 모습이었다. 환하게 웃으며 다가왔기에 애써 쫓아가지 않아도 되었다. 평소처럼 왁자지껄 수다 떨며 즐거운 시간을 보내다 깨어났다. 다행이었다. 꿈에서조차 줄줄이 달린 링거 병을 매달고 왔다면 얼마나 마음이 아렸을까.

친구와는 준비된 이별을 했다. 틈틈이 만나서 얘기를 나누었다. 몸에 좋다는 약초 뿌리도 다려서 가져갔다. 손도 잡아주고 아프다는 다리도 만져주었다. 간간히 친구와 보내며 이별 연습을 했다. 미리미리 조금씩 가슴을 앓았다. 한꺼번에 슬프지 않으려 놓아주기 연습을 일찌감치 시작한 것이다.

지인과 친구를 보내며 죽음과 이별에 대해 진지해졌다. 여태껏 죽음은 나와 상관없는 일이었다. 그랬기에 언제일지도 모르는 이별을 전혀 떠올리지 못했다. 어느 때 불쑥 찾아올지 모르는 이별 앞에 아무런 준비가 되어 있지 않았다. 순간순간이 만남이고 또한 이별인 것을. 한 치 앞도 모르면서 모든 것이 영원할 것이라 생각한 내가 어리석었다.

매 순간 이별을 한다. 한동안 피어있던 꽃송이가 시들어 마침내 뚝하고 떨어질 때도. 거실과 부엌을 오가며 발을 보호해주던 슬리퍼의 끈이 끊어졌을 때도. 여태 만져온 그릇이 이가 빠져 못 쓰게 되었을 때도 어쩔 수 없이 안녕을 고한다. 마음으로 눈으로 늘 함께 했기에 섭섭하고 허전해 이별이 더뎌진다.

그래도 예정에 없는 이별은 싫다. 감당하기엔 너무 아프고 고통이기 때문이다. 이별연습을 미리 해본다. 조금씩 나아지려니 하지만 여전히 아프다.

일주기에 그녀가 좋아하고 또 내가 좋아하는 안개꽃을 올렸다.

2부

발가락이 닮았다

고요하던 집안이 부산하다. 적재적소에 있어야할 물건들이 뒤섞여 어지럽기도 하련만 마음의 동요가 전혀 없다. 옷걸이에 걸린 옷들이 탁자 위에 널브러져 있어도, 걸레가 집을 찾지 못하여 구석자리에 밀쳐져 있어도 신경 쓸 틈이 없다. 평소 같으면 있을 수 없는 일이 벌어짐에도 콧노래가 흘러나온다.

부엌은 뜨거운 열기로 가득하다. 보글보글 뚝배기의 된장이 끓어오르고, 기름을 두른 팬에 고등어 한 마리가 지글지글 소리를 낸다. 때마침 고슬고슬한 밥이 다 됐다며 정겨운 소리로 알려준다.

먹음직한 갈비찜 한 접시가 오늘의 주된 요리다. 갖은 양념으로 재워두었더니 간이 알맞게 배었다. 입맛에 잘 맞을 게다. 세 가지 나물을 삼삼하게 무쳐 오목한 그릇에 보기 좋게 담는다. 마지막으로 각종 야채를 얇게 썰어 예쁜 접시에 가지런히 놓는다. 미리 만들어 숙성시켜둔 새콤달콤한 양념장을 식사 때 살짝 끼얹기만 하면 된다.

어느새 그럴 듯한 음식이 식탁에 차려졌다. 주된 음식 몇 가지와 밑반찬까지 놓고 나니 더 놓을 공간이 없다. 아무리 생각해도 식탁 가득 음식을 차려보기는 근래 들어 없지 싶다. 놀라 휘둥그레질 녀석을 생각하니 즐겁다. 흰 이를 드러내며 어쩔 줄 몰라 하겠지. 군 입대하고 첫 휴가라 잠을 설쳤을 것이다. 나 역시 잠을 설쳤다. 새벽부터 음식 준비하느라 눈꺼풀이 무겁긴 하지만 아들을 본다는 기쁨에 천근만근의 무게가 뭐 그리 대수겠는가.

띠띠띠띠, 비밀번호 버튼 누르는 소리만 들어도 아들임을 단번에 알겠다. 순식간에 현관문이 열리더니 굵직한 목소리로 나를 부른다. 아무래도 군화를 벗는데 시간이 걸리겠지. 버선발로 달려가 얼싸안는다. 얼굴도 만져보고, 바싹 자른 머릿결을 쓰다듬고, 팔 다리에 흉은 없는지 세세히 살펴보고 나서야 식탁에 앉힌다.

엄마가 끓여주는 된장국이 먹고 싶어 일부러 아침도 거르고 나왔다며 숟가락을 집어 든다. 엄지손가락을 높이 들며 연신 감탄이다.

"역시 이 맛이야."

여태껏 이 한 마디에 밤늦게라도 원하면 졸린 눈을 비비며 먹을 것을 챙겨주지 않았던가. 어린아이에게 하듯 생선뼈도 발라주고 갈비찜도 먹기 좋게 뜯어 숟가락에 얹어주며 시중을 든다. 먹지 않아도 배부르다는 것이 이럴 때 쓰는 말임을 비로소 실감한다.

아들의 숟가락이 콩자반에 머문다. 간장에 졸였으니 짤 텐데도 숟갈 가득 떠서 한입에 넣고 오물거린다. 마주 앉은 남편도 젓가락으로 한 알 두 알 콩자반을 콕 집어 입에 넣는다. 깨작깨작 먹으면 부자 못 산다 하시던 친정어머니 말씀이 떠오르니 세듯 먹는 남편이 슬며시 미워지려고 한다. 그나마 다행인 것은 아들은 그렇지 않다는 것이다. 푹푹 떠서 맛나게 먹으니 부자로 살 모양이다. 내 마음을 아는지 모르는지 식사가 끝나도록 두 부자가 숟가락과 젓가락으로 콩을 덜어내고 있다.

식사를 마치더니 주섬주섬 세면도구를 챙긴다. 목욕탕에 갈 모양이다. 사복으로 갈아입은 녀석의 등판이 넓고 탄탄하다. 엄지손가락을 세우며 몸매가 최고라는 칭찬 한마디에, 힘들지만 하루도 쉬지 않고 운동해서 살은 빼고 근육만 키웠다며 너스레를 떤다. 구십 킬로에 가까운 거구를 이끌고 병영생활을 어떻게 하려나 걱정했는데 참 다행이다.

아들은 나를 본 듯 닮았다. 성격도 취미도 비슷하고 좋아하는 음식마저도 닮았다. 무엇보다도 나와 잘 통했다. 이런 저런 얘기를 시작하면 끝없이 이어져 어떤 때는 밤을 꼬박 새기도 했다. 애교도 많고 싹싹하고 남을 배려하는 마음도 깊었다. 아무리 봐도 백점짜리 아들인 것 같은데 남편의 눈에는 차지 않은 모양이다. 유독 아들에게 엄했다. 잘못한 일이 있으면 봐주지 않고 사정없이 혼냈다. 눈물을 보이면 약한 모습 보이지 마라며 더 냉정했다. 눈물바람인 아들을 품어 안는 건 내 몫이었다. 가부장적인 아버지가 싫다며, 친구 아버지는 안 그런다고, 해달라는 것 다 해준다고 울먹였다. 아들의 생채기 난 마음에 바를 약도 잘 써야 했고 제 아버지의 본마음이 어떻다는 것을 알아가도록 유도해야 했다. 그러다보니 아들은 엄마가 제일이라 여겼다. 적어도 사춘기까지는.

언젠가부터 아들은 아버지에게 마음을 열어가고 있었다. 부자간에 깊은 얘기가 오가고 그걸 굳이 알고자 하면 웃음으로 얼버무렸다. 내심 서운한 마음이 들긴 했지만 아버지와 아들의 오붓함이 보기 좋았다. 가부장적인 아버지도 없고 마음속 설움이 깊었던 아들도 없고 그냥 부자간의 소통疏通만 있었다. 남자 대 남자, 아버지와 아들이란 끈끈함이 둘 사이를 이어가니 비로소 졸였던 마음을 놓게 되고 덧바를 약을 구할 수고로움에서 벗어났다.

지난 시간들을 떠올리며 간식을 만들고, 설거지를 하고 어질러진 집안을 정리하고 나니 두어 시간 흘렀나 보다. 졸음에 눈을 감았다 떴다 하는데 번호 키 누르는 소리가 힘차다. 아들이 돌아왔나 보다. 문이 열리기도 전에 장난기 섞인 웃음소리가 먼저 현관문을 뚫고 들어온다. 목욕탕에서 하던 얘기가 집에 올 때까지 끊어지지 않았음이다.

두 부자가 텔레비전을 보고 있다. 열탕에 오래 있었는지 얼굴들이 발그레하다. 열을 식히라고 아이스크림을 내왔더니 동시에 같은 걸 집는다. 좋아하는 줄 몰랐다. 그러고 보니 일하느라 학교 다니느라 부자가 함께 한 시간들이 많지 않아서 모르고 있었던 거구나.

낮잠에 빠진 아들의 얼굴이 편안해 보인다. 남편도 눈꺼풀이 무거운지 몇 번 껌벅거리더니 슬며시 아들 옆에 눕는다. 어쩜 자는 모습까지 같을까. 양손을 가슴에 올린 채 코까지 고는 게 영락없다. 곤히 자도록 두어야 하는데 장난기가 발동한다. 엉성하게 면도된 아들의 턱을 쓰다듬으니 간지럼을 탄다. 그 모양이 재미나 또 한 번 건드리니 파리를 쫓듯 휘젓다가 다시 가슴에 손을 얹는다. 내친 김에 아들의 발도 만져본다. 모기에 물려 성한 데가 없다. 금쪽같은 내 새끼 발등을 감히 허락도 없이. 하기야 통통한 발을 모기인들 그냥 둘리 만무하지. 포동포동한 발등과 도톰한 엄지발가락이 어쩜 그리도 제 아비를 닮았는지.

'발가락만 닮았나?'

둘부터

동행할 이가 없다. 윗동네 사는 친구는 외손녀 봐 주러 가서 출타중이고 웬만하면 사무실을 지키고 있는 지인도 오늘따라 교육을 갔다. 앞집 이웃도 외출 중인지 초인종을 암만 눌러도 기척이 없다.

차일피일 미루어 온 사이 볼일이 몇 가지나 더 늘었다. 꼭 해결해야 할 일이니 부득불 시내까지 나가야 한다. 머리도 감아야 하고 헐렁한 옷도 갈아입어야겠다. 혼자 나가기 싫어진다. 택시를 탈까, 버스를 탈까. 그것도 아니라면 운동 삼아 천천히 걸어갈까. 친구를 불러 차를 얻어 타면 편할 텐데. 오늘따라 부재중인 친구가 그립기만 하다. 무슨 일이든 친구나 지인들과 같이 다니다보니 혼자 걷는 길이 오늘따라 외롭고 어색하기만 하다.

시장 입구에 다다르니 여간 부산스러운 게 아니다. 그러고 보니 오늘이 장날이다. 그냥 지나쳐야 할 것을. 바쁜 일부터 처리하고 나서 장구경이나 하자는 마음과 달리 나의 눈길은 벌써 시장 한가운데 있다. 사람들이 빙 둘러서서 뭔가를 보고 있다. 그 틈을 헤집고 앞자리로 들어서는 순간 정신없이 빠져들고 만다.

난장에 늘어선 보물들이 일제히 나를 바라본다. 숨이 막힌다. 이 많은 보물들을 다 가질 수 있다면. 욕심을 제어할 수가 없다. 종류 또한 얼마나 다양한지. 크고 작은 항아리와 그릇들. 나무로 잘 다듬은 코끼리 상. 청동으로 만든 바이올린 켜는 소녀상. 단단한 근육질이 잘 드러나게 섬세하게 조각된 황소. 흙으로 구은 토우들까지. 넋을 잃고 빠져들어 무슨 일로 외출했는지조차 까맣게 잊어 버렸다.

이 많은 보물 중에 어떤 것을 고를까 고민이다. 하나 같이 다 마음에 드니. 질박한 컵도 갖고 싶고 운두가 낮은 타원형의 접시도 마음에 든다. 유약을 바르지 않은 투박한 질그릇도 괜찮아 보인다. 옆에 익살스럽고 해학적인 표정으로 웃음기를 잔뜩 머금은 토우가 눈을 찡긋한다.

눈으로 훑는 것도 성에 차지 않아 아예 손끝으로 감상중이다. 큰 접시 작은 접시 포개어도 보고 손잡이가 투박한 컵을 마주 붙여놓기도 한다. 코끼리의 코도 만져보고 황소의 우람한 근육도 결 따라 쓰다듬는다. 그러다 항아리에서 아예 멈춘다. 아래위로 좁고 배가 부른 술항아리다. 매끈하여 흠집 하나 없다. 유약을 발라 광택 또한 그만이다. 손끝으로 둥근 선을 따라 한 바퀴 돌아본다. 정말 마음에 든다.

늘 토우가 우선인데 오늘만큼은 항아리가 나의 눈길에서 벗어나지 않는다. 참 마음에 든다. 연한 회색 바탕에 붉은색 꽃 그림이 환하게 눈에 들어와 유독 마음이 간다. 같은 형태의 항아리 하나를 더 고를 생각이다. 그런데 일이 틀어졌다. 다들 비슷한 안목을 가졌는지 눈에 들어온 항아리를 집으려는데 다른 사람이 먼저 점찍는 게 아닌가. 양보할 기미가 보이지 않아 슬며시 내 항아리를 그에게 민다. 의아한 시선으로 날 쳐다본다. 고민 끝에 양보한 건데. 그는 애초 선택한 항아리 하나만 들고 유유히 구경하는 사람들을 비집고 빠져나간다. 개운하지가 않다. 꼭 갖고 싶었는데. 아쉽지만 다른 물건을 골라야 할 것 같다. 하나 남은 항아리는 그 순간부터 나에겐 의미가 없기 때문이다.

차선으로 고른 접시를 들고 집으로 돌아오는 길은 신났다. 항아리가 조금 아쉬웠지만 이미 혼자가 아니니 외로울 것도 허전할 것도 없다. 저녁식탁에 접시를 올렸다. 큰 접시는 나물 세 가지를 소담하게 안았고, 중간 접시는 배추김치를 멋스럽게 보여준다. 작은 접시는 달걀말이를 앙증맞게 품고 있으니 갑자기 식욕이 인다. 머리를 맞대고 있는 접시들이 음식 맛을 한층 더 돋우게 한다. 참 다정도 하다. 새 식구가 들어와 식탁을 빛내주니 어찌 맛나지 않을까.

오래전부터 난장에 펼쳐진 물건들을 보면 그냥 지나치지 못했다. 그릇이, 오줌싸개 토우가, 국화 그림이 그려진 컵이 차례로 우리 집에 들어왔다. 그리고 식구가 되었다. 다양한 형태의 토우, 크고 작은 항아리, 같은 모양의 그릇, 쓰임새가 다양한 컵이 대부분이다. 그런데 자세히 보면 하나는 거의 없다. 처음부터 하나였던 것을 제외하면 한 벌 이상이다. 길쭉한 항아리 옆에 같은 그림, 같은 색의 둥근 항아리가 마주보며 놓여 있고, 주둥이가 긴 주병 옆에 짧은 주병이 다정히 서 있다. 토우도 마찬가지다. 둘 혹은 셋 이상이다. 할아버지 할머니 사이에서 두 손주가 재롱을 피우고, 쟁기 끄는 농부 옆에 아기 업은 아낙이 새참을 이고 있다. 훈장님에게 야단 듣는 제자의 눈에 눈물도 보이고, 농부의 뒤를 따르는 소가 긴 울음을 운다. 시끌벅적해서 좋다. 같이 있으니 외롭지 않다.

언제부터인가 숫자 하나를 싫어하게 되었다. 어떤 의미에서는 문제가 아닌가. 그래도 난 하나가 싫다. 아무리 귀하고 예뻐도 욕심을 내지 않는다. 다른 이유는 없다. 하나는 외로워서이다. 기댈 데가 없어서이다. 꼭 둘을 고집하는 게 아니다. 둘 이상이면 된다. 둘부터 힘이 난다. 서로 기댈 수 있고 채워 줄 수 있어서 좋다.

선물을 받아도 하나는 사양한다. 꼭 둘부터이다. 각기 하나를 가지게 될 경우에는 하나를 가진 다른 사람에게 내 것 하나를 건넨다. 그래서 우리 집엔 하나인 인형도 없고 하나인 컵도 없고 하나인 쟁반이나 접시를 비롯한 그릇도 없다.

시간을 들여 애써 고른 항아리 하나를 두고 온 것도.

카드를 그으며

오르고 올라도 끝이 없다. 언제쯤이면 저 가파른 고갯길을 넘어설 수 있을까. 머리에 인 보따리가 힘겨워 점점 자라목이 되어간다. 이마에 맺힌 땀이 뺨을 타고 흘러내린다. 닦아내고 싶지만 양 손에 든 짐 때문에 달리 방법이 없다. 가파른 내리막길에 받쳐줄 돌덩이 하나 보이지 않으니 쉴 수도 없다. 내려놓는 순간 사정없이 산 아래로 굴러갈 짐 덩이를 생각하니 느슨해진 두 손에 힘이 가해진다. 여인네더러 조금만 더 힘내라며 해가 마지막 빛을 길게 비추고 있다.

게검스럽게 자꾸 식탐이 인다. 저녁 먹은 지 얼마나 되었다고. 평소에 잘 먹지 않던 튀김종류가 어지럽게 머릿속을 돌아다닌다. 해물 찜도 뇌리를 스치며 허기진 배를 자극한다. 벗어나려 텔레비전 채널을 돌리는데 놀리기라도 하는 듯 생선회가 화면을 가득 채운다. 춘궁기라 그런가. 뭐든 다 먹고 싶다. 세차게 머리를 흔들며 떨쳐내려 하지만 배가 고프니 청하는 잠마저 멀찍이 달아나고 만다.

도사린다. 웬만한 식사약속은 하지 않으려 고민한다. 한창 왕성한 시기에 나 홀로 보릿고개를 오르고 있다. 남는 게 없다. 적금에 각종 공과금과 큰아이의 생활비를 떼고 나니 적자다. 조금씩 모아둔 비상금마저 뜻밖의 지출로 바닥이다.

달리 방안이 없다. 어쩔 수 없이 비장의 무기를 꺼낸다. 장롱 깊숙이 팔을 집어넣으니 손가락 끝에 와 닿는 익숙한 촉감, 신용카드다. 얼마 만에 빛을 보는 걸까. 한동안 두문불출 했으니 갑갑했을 터이다.

나 어릴 적, 병약한 아버지는 궁여일책으로 농사를 정리하고 가게를 열었다. 동네에 하나뿐이었으니 대부분의 사람들이 우리 집 가게를 이용했다. 하루도 빠지지 않고 늦은 저녁에 하는 일이 있었다. 장부 정리였다. 일일 장부에 이름을 적고 품목과 외상금액을 기입했다. 그 내용을 개인 장부에 다시 기입하면 장부정리가 끝났다.

일 년에 몇 차례 외상값을 받으러 동네를 돌아다녔다. 그게 내가 맡은 또 하나의 일이었다. 장부정리는 얼마든지 하겠는데 외상값 받으러 가는 일이 고역이었다. 그 때마다 못 간다며 버텼지만 아버지의 호통에 쫓기듯 대문을 나서야 했다. 어린 나를 보냈으니 어른 만큼 일을 쳐냈겠는가. 제대로 받지도 못했다. 빈손에 미안한 마음을 얹어 받거나 나머지를 조금 남겨 놓고 받기도 했다. 내일 가져 갈 터이니 그리 알라는 말에 발길을 돌리기도 했는데, 마른 장작이나 농산물로 외상값을 갚았다.

직접 가면 될 일을 왜 어린 나에게 시키는지 원망스러웠다. 갚지 못해서 난처해하는 동네 어른들이 안쓰러웠다. 맞닥뜨린 친구의 붉어지는 얼굴을 보면 시선을 피하느라 애먹었다. 마치 오줌 싸고 키를 둘러쓴 채 소금 얻으러 가는 기분이었다. 기어들어가듯 작은 목소리로 사람을 부르니 기척이 없는 것은 당연했다. 누군가 대문을 열고 나올 때까지 하염없이 기다리는 것도 다반사였다. 어른이 되면 외상 같은 건 절대 하지 않을 거라 한구석에 쭈그리고 앉아 되뇌고 또 되뇌었다.

세월이 흐르니 알 것 같다. 외상값 받아오라는 아버지 마음인들 편했겠는가. 굳이 어린 나를 보낸 것은 혹여 불미한 일이 생길까 해서였다. 어른들끼리 언쟁도 피하고 이웃 간에 벽 쌓는 일을 미연에 방지하기 위함이었다.

외출준비를 서두른다. 생활비가 동났으니 다음 월급날까지 카드로 대체할 생각이다. 장롱에서 꺼낸 카드를 빨간 지갑 속에 하나하나 꽂는다. 돈보다 카드 위주다. 남편이 가족카드라며 준 것도 있고 통사정하다시피 하는 카드사 직원의 권유에 어쩔 수 없이 만든 것도 여러 장이다. 다양한 디자인의 카드가 제 것을 선택해 달라 아우성이다. 오늘은 포인트를 배로 올려주거나 내가 구입하고자 하는 물건에 할인이 되는 카드를 쓸 것이다. 번거롭긴 하지만 카드를 선택해서 사용하는 것은 조금이라도 득이 되는 포인트에 중점을 두기 때문이다.

한 때 멋모르고 카드를 사용했다. 돈을 바로 지불하지 않아도 되니 눈에 보이는 대로 물건을 사들였다. 백화점에서든 레스토랑에서든 카트 한 장만 내밀면 정리가 되었다. 그게 재밌기도 하고 멋져보였다. 그러나 돌아오는 결과물이 나의 어깨를 짓눌렀다. 부담 없이 쓰다 보니 턱없이 과소비를 한 것이다.

카드는 분명 매력이 넘치는 외상장부다. 그런데 불편한 진실이 숨어 있다. 여지가 없다. 시골 가게의 인심처럼 주면 받고 미루면 또 미루는 대로 물러서는 법이 없다. 외상을 한 후 기한 내에 반드시 갚아야 한다. 안 그러면 높은 이자와 함께 자칫 거래가 중단되는 것은 물론이고 여지없이 신용불량자가 되고 만다. 그 무서움을 안다. 그래서 정말 힘들 때만 카드를 꺼낸다. 평소엔 장롱 깊숙이 숨었다가 내가 부르면 쓴 소리 없이 주인의 궁색함을 감싸준다. 고맙긴 하지만 인정사정이 없으니 갚을 수 있을 만큼만 사용해야 한다. 에누리 없는 인색한 외상장부이기에 말이다.

마트에 간다. 춘궁기에 보릿고개를 넘는 아낙인지 아무도 모를 것이다.

연하의 남자

팔을 살짝 걸쳐본다. 가만히 있다. 다른 때 같았다면 얼른 뿌리치고 한 걸음 앞서 갔을 터인데. 흥겨워하는 내 기분을 간파했을까. 잠시 머뭇거리더니 아예 맡겨버린다. 무언의 허락을 얻었으니 팔짱을 꼈다 손깍지를 꼈다 하며 숫제 내 마음대로다.

모처럼 마음먹고 데이트를 즐기려 한다. 먼저 저녁부터 해결하고자 원하는 음식을 권해 보는데, 냉면집을 가리킨다. 그는 물냉면을 좋아한다. 곱빼기를 먹고도 사리 하나를 더 시킬 만큼 엄청 좋아한다. 그런 점에서 나와 식성이 비슷하다. 나 역시 물냉면을 좋아하니 무얼 먹자는데 이견이 있거나 조율하기 위해 시간을 허비하지 않아도 된다.

저녁을 먹었으니 다음 코스다. 죽 이어진 상가를 지나치려는데 신발가게가 보인다. 하나 사 주길 기대하는지 가게 앞에서 발을 떼지 못한다.

'이 가게 신발 가격 만만찮은데.'

잠시 머릴 굴리다 문을 밀친다. 따라 들어오는 얼굴에 미소가 숨어 있다. 싼 걸 골랐으면 좋겠는데. 가격이 십만 원대에 육박하니 은근히 마음 쓰인다. 나의 심중을 아는지 모르는지 한참을 기웃거린다. 그러더니 웬걸, 기획 신발에 점을 찍는다. 고맙게도 나의 주머니 사정을 생각해 주는구나. 다행이다. 이 정도면 두 켤레도 가능하다. 고마운 마음에 하나 더 사 주려는데 사양한다. 환해진 얼굴에 화색이 돈다. 받는 것도 좋지만 주는 즐거움도 쏠쏠하다는 생각에 괜스레 기분이 좋다.

오늘 데이트의 주된 목적은 영화 관람이다. 극장 안은 사람들로 북새통이다. 다들 '일본 침몰'이라는 영화에 관심이 많은 모양이다. 표를 끊기 위해 한참이나 줄을 서고서야 두 장을 손에 넣었다. 매진될까 하여 미리 오다보니 상영시간이 아직 한 시간 가량 남았다. 사람들로 대기실이 복잡한데다 매캐한 담배연기가 여간 거슬리는 게 아니다. 왁자지껄한 소음에 얘기가 끊어지다가 아예 묻혀버린다. 차라리 아이쇼핑이나 즐기자며 밖으로 나온다.

거리가 활기차다. 네온사인에 불이 들어오고 휘황찬란한 간판들이 불빛을 받아 번쩍거린다. 주말이라 그런지 사람들이 활개를 친다. 상가 쇼윈도에 눈길을 준다. 불빛을 받아 그런지 색감이 좋아 보이는 지갑이 눈에 띈다. 가방에 든 내 지갑과 비교된다. 오래 전부터 써 왔던 검은 지갑이 낡을 대로 낡아 바꿀 때가 되긴 했지만 차일피일 미루고 있다. 십 수 년을 썼으니 정이 들어 바꾸는 게 쉽지 않다.

눈도장을 찍어 놓고 그의 얼굴을 살핀다. 그런데 딴전이다. 응석부리듯 그의 팔을 툭 쳐본다. 미동이 없다. 주머니 사정이 녹녹치 않은 모양이다. 분명 비상금을 윗저고리에 넣는 걸 봤는데. 그의 반응에 살짝 서운하다. 아무리 그래도 그렇지 저것 하나 못 사 주나. 늘 주기만 하는 나도 때로는 하나쯤 받아서 간직하고 싶은데. 할 수 없지. 가난한 그를 이해해야지. 늘 오늘만 있을까. 기다려 보자. 오래 전 내 귀에 대고 속삭이던 말이 떠오른다. 근사한 옷과 예쁜 목걸이도 사 주고, 벼라 별 것 다해 줄 거라 한 말을 기억해내며 영화관으로 발길을 돌린다.

이번엔 그가 나의 팔을 친다. 고소한 팝콘 냄새의 유혹을 물리치지 못하는 모양이다. '어이구, 그 정도는 자기 주머니 좀 털지 않고서.' 속마음과는 달리 최고 큰 것과 덤으로 콜라까지 사들고 좌석에 앉는다. 그의 손길이 바쁘다. 팝콘과 음료수를 번갈아 먹으면서도 눈길은 화면에 꽂혀 있다.

그는 책 보고 영화 보는 것이 취미다. 나도 그렇다. 알고 보니 우린 공유하는 게 꽤 된다. 서로 얘길 나누다 보면 생각이 같음에 놀랄 때가 있으니 참 잘 맞는 사이긴 한가 보다.

잠시 엉뚱한 생각에 잠겨 있던 나의 귀에 강한 폭발음이 들린다. 나도 놀라긴 했지만 화들짝 그가 더 놀라며 어깨를 움찔거린다. 그 덩치에 겁도 많다. 피식 웃음이 난다. 나보다 큰 키에 칠십 킬로그램의 몸무게를 지닌 덩치가 놀라기는. 그도 멋쩍은지 애매모호한 웃음기를 흘린다.

여름이 아닌데도 냉방기를 가동했는지 피부에 와 닿는 냉기가 여간 아니다. 슬슬 소름이 돋는다. 겉옷을 벗어 다리를 가린다. 그래도 서늘하다. 눈치 챘는지 그가 슬며시 윗도리를 벗어 내 어깨를 감싸준다. 입으라며 도로 벗어 주려는데 아예 나를 껴안고 풀어주질 않는다. 옥신각신하다 그의 고집에 내가 꺾이고 만다. 헐렁한 반팔 티셔츠만 입은 건장한 몸이 그대로 드러난다. 멋있다. 그의 어깨에 머리를 기댄다. 참 포근하다. 얇은 옷이지만 따뜻하게 감싸주는 덕에 서늘함이 한결 가셨다. 그런데 마음은 편하지 않다. 냉기가 그의 몸에도 닿을 텐데 싫어서이다.

영화가 끝났다. 내가 늘 먼저 손을 잡았었는데 이번엔 그가 나의 손을 꽉 잡고 출구를 찾는다. 슬며시 묻는다. 이태 전까지만 해도 팔짱을 끼거나 손잡는 걸 무지 싫어하지 않았던가. 그의 말이 참 고맙고 감동적이다. 그 땐 내가 어렸으니 보호를 받아야 했고 지금은 그 반대니 당신을 보호하고 챙겨 줘야 하는 것이 당연지사 아니냐고.

오늘 데이트는 참 따스했다. 철부지인 줄 알았는데 나의 차가운 몸을 따뜻하게 해주고 덤으로 마음까지 훈훈하게 데워주는 듬직한 남자일 줄이야. 언제 저렇게 커버렸는지. 몸만 커진 게 아니라 마음도 성큼 자라버린 나의 분신을 여태껏 어리게만 생각했었다. 다칠까 염려스러워 밖에 내놓는 것조차 늘 조심스러웠다.

이젠 외출하겠다면 꼼꼼하게 이유를 따져 묻지 말아야지. 적당히 풀어 둬 세상과 부딪치게 해 줄 참이다. 그를 믿는다. 따뜻한 마음을 가졌고 생각도 깊으니 밖에 나서서 덜컥 사고 칠 일을 벌이진 않겠지.

연하의 그와 눈부신 날에 또 한 번 데이트를 즐겨야겠다. 돌아오는 길에 팔짱을 끼며 이러저러한 얘길 나눠야지. 혹여 속에 담은 서운한 마음이 있다면 훌훌 털어버리게도 하고 고민거리도 터놓을 수 있도록 친구 같은 엄마가 되어 주어야지.

어쩌면 내가 생각한 날보다 더 빨리 눈도장 찍어둔 지갑을 받을지 모르겠다.

나는 글쟁이가 되었다

아우兒憂, 간밤에 편히 잤는가? 오랜만에 유년을 돌아본 여운이 남아서인지 도통 잠이 오지 않아 밤을 새웠다네. 아우에게 조금은 미안한 생각이 든다네. 지나간 일들을 끄집어내어 공연히 아우 맘 아프게 했나 싶어. 하지만 버리지 못하고 가슴 한 구석에 밀쳐두었던 실타래를 둘이 주거니 받거니 잘 감아가며 허심탄회하게 얘기를 나누어서 참 좋았네.

아우, 지금껏 내 생각만 하고 아우의 입장은 한 번도 생각지 못했네. 유년의 나는 어떤 경우에도 피해자요 아우의 그늘에 가려 볕도 못 보는 존재라고만 생각하며 살아왔다네. 그러기에 아우가 미웠던 적이 한두 번이 아니었어. 차라리 내가 막내로 태어났더라면 얼마나 좋았을까. 부모님의 사랑은 물론 형제자매의 정도 한없이 느꼈을 거고 심지어 이웃 아주머니 아저

씨들의 귀여움도 독차지했을 건데 하고 말이야.

어릴 때 기억으론 아우는 못하는 게 없었네. 공부도 잘하고 노래도 잘하고 춤도 곧잘 췄지. 예쁜 외모에 구김살 없는 둥글둥글한 성격이 뭇사람들의 시선을 끌기에 충분했지. 인사성 바른데다 언변은 또 어떻고. 정확하고 야무진 말씨에 똑똑하단 소린 혼자 다 들었지 않는가. 아버지와 외출이라도 다녀오는 날엔 아우의 품안 가득 과자 봉지가 안겨 있고 호주머니에 용돈까지 들어 있었으니, 이 모든 게 난 그저 부러울 뿐이었어.

유독 아우가 미웠던 적이 있었어. 새벽녘 잠이 깨면 아래채 부모님이 주무시는 방에 내려가곤 했지. 포근한 어머니 품에 안겨 잠들라치면 방해꾼이 나타났지. 아우 말고 누가 또 있겠는가. 밉살스럽게도 어머니와의 사이에 끼어들어 난 저만치 밀려나곤 했지. 어리광을 피우며 어머니 젖가슴을 더듬을 땐 진짜 아우의 머리통을 쥐어박고 싶은 마음 꿀떡 같았어. 하지만 겁 많은 나는 생각뿐 꾹 참고 아린 속을 달랬다네. 아우를 반갑게 받아주며 엉덩이를 토닥거리시는 어머니가 원망스러웠지만 어쩔 수 없이 슬며시 아버지 옆에 드러누웠다네. 그 참담함, 당해보지 않았으니 아우가 어찌 알겠는가.

아우, 나의 유년은 그렇게 지나갔다네. 늘 차고 넘치는 발랄함과 커져만 가는 아우의 기세에 밀려 나는 더 자신감을 잃어갔고 의기소침한 아이로 변해 갔다네. 귀여움은커녕 고집 세고 말없는 성격으로 변해감에 따라 미운털이 박히고 마침내 식구들의 걱정거리를 보탰지. 덕분에 난 철저히 혼자가 되면서 독서에 빠져들고 글을 쓰기 시작했지.

형兄, 나 역시 집에 와서 긴 밤의 시간들을 거슬러 유년시절을 다녀왔다오. 정말 오랜 만에 아련한 기억들을 끄집어내어 온갖 얘길 나누면서도 가슴 한편에 미안한 마음이 어찌 들지 않았을까. 아무리 어린 아이였어도 형의 마음을 아프게 했으니 말이외다.

나도 어지간히 철이 없었던 것 같소. 두 살 터울이다 보니 늘 만만했고 여리고 약하니 형이라 인정하고 싶지 않았던 것 같아요. 부모형제의 사랑을 한껏 받다 보니 막내라는 커다란 배경을 곧잘 썼나 보오. 지금 생각하니 형은 울보였어요. 늘 나에게 선수를 뺏기고 그런 나를 혼내지도 못하니 울 수밖에 없었던 것을. 나보다 약하다고 만만히 생각하여 툭하면 대들었던 것 같아요.

참으로 미안하오. 그런데 형, 나도 한 말씀 드리지요. 나 역시 형이 부러울 때가 없었던 줄 아시오? 어릴 때부터 형은 몸이 약했지 않소. 부모님의 걱정 우선 순위였지요. 열나면 아버지가 형을 업고 마당가를 서성이며 온 밤을 지새웠지요. 어디 그 뿐이겠소. 어머니는 부드러운 미음을 쒀 안 먹으려는 형 입에 떠 넣어주며 달래는 것을 얼마나 부러워하며 쳐다보았는지 모를 거외다. 먹성이 좋은 나는 가리지 않고 골고루 먹은 덕에 몸이 건강하여 병치레를 그다지 안 했지요. 아픈 형을 대하는 부모님의 보살핌이 하도 부러워 나도 사나흘 드러눕고 싶은 적이 많았다오. 생각나시오? 벽장 위에 둔 형의 영양제를 몰래 먹으려다 굴러 떨어졌는데 걱정은커녕 어머니께 꾸중들은 것 생각하면 지금도 울컥 서러움이 밀려든다오. 몇 알 나눠주면 어때서. 밥상을 받을 때도 그랬어요. 편식하는 형의 반찬은 늘 따로 챙기셨지요. 입맛을 다시는데도 모른 척하는 형이 어머니만큼 미웠어요. 아버지도 마찬가지였지요. 나란히 학교 다녀오면 몰래 숨겨두었던 먹을거리를 꼭 형한테만 주시며 혹여 뺏길세라 방어하셔서 서러웠던 적이 한두 번이 아니었어요. 막내라 무척 예뻐하셨음에도 유독 먹을거리는 형에게만 돌아가는 게 이해 안 되는 나이였어요.

세월이 참으로 전광석화다. 우리 나이 지천명에 이르렀으니. 대수롭지 않은 척 숨겨두었던 아픔을 털어내고 나니 새삼 아우가 안쓰럽게 느껴지는 오늘이다. 각자 아픔을 가지고 왔구나. 나만 그런 게 아니었는데. 부모님은 골고루 사랑을 주셨는데. 그것을 알아채지 못하고 아우는 형을, 형은 아우를 질시하며 아옹다옹했다니.

지금 아우는 내게 없어서는 안 될 존재다. 어떤 땐 형처럼 느껴질 만큼 챙겨주고 또 챙겨준다. 늘 원 플러스 원을 고집하고 여전히 잔병치레 많은 내게 어머니 대신 죽을 쑤어온다.

만약 내가 아우와 대등했더라면. 아니, 뛰어난 언변이 있었더라면 난 결코 글을 쓰지 않았을 것이다. 내성적이고 대차지 못한 난 하고픈 말을 글로 표현했다. 아우와 다툰 날은 유독 하얀 노트에 깨알 같은 글자로 가득 찼다. 마음껏 화풀이를 해대다 보면 어느새 차분히 가라 앉아 있었다. 그러다 보니 노트는 일기장이 되고 동화집이 되고 시집이 되었다.

어느 날, 난 글쟁이가 되었다.

무소유

친구가 비취 원석을 보여주었다. 티가 없고 고와서 한 눈에도 괜찮아 보인다. 반지를 맞췄으면 하여 아는 보석상에 갔다. 오랜만에 들른 나더러 발길이 뚝 끊어져 궁금했다며 주인이 반긴다. 그럴 만했다. 예전엔 풀 방구리에 쥐 드나들 듯 했으니 말이다.

보석상에는 물건들로 가득했다. 아름답고 화려한 보석들이 진열장 안에 앉아 마치 날 기다리기라도 한 듯 번쩍거렸다. 조명 불빛을 받아서인지 유난히 빛나고 화려해 보였다.

간단하면서도 품위가 있고 세련미가 느껴지는 디자인으로 친구의 반지를 맞췄다. 일이 끝났음에도 나의 시선은 보석에서 얼른 눈을 떼지 못했다. 버린 게 아니었던 모양이다. 진열장에 가득한 보석을 구경하면서 마음속 깊이 재워두었던 욕구가 잠을 깼다. 반짝이며 빛나는 액세서리가 강렬하게 나를 잡아끌면서 여태껏 지탱해오던 의지를 무너뜨렸다. 나의 머릿속에는 이미 이불 깊숙이 넣어두었던 결혼반지를 떠올리고 있었다.

한 때 보석에 관심을 가진 적이 있었다. 남편의 귀가가 늦고 아이 또한 없을 때다 보니 혼자 있는 시간이 무료하기만 했다. 마땅히 할 일이 없다는 게 문제였다. 백화점은 물론이요 변변한 영화관도 없었으니 집에서 책보는 일이 낙이며 소일거리였다. 늦은 귀가에 불만이 쌓여가고 남편과 언성높이는 일도 많아졌다.

무작정 집을 나섰다. 한바탕 언성을 높이고 그 길로 뛰쳐나온 것이다. 그게 시초였다. 그리고 습관이 되었다. 남편과 다투거나 마음이 울적하면 무작정 밤거리를 배회하며 쏘다녔다. 네온사인이 번쩍이는 거리를 돌아다니다 물건을 사기도 했다. 그러다 보석상의 화려한 진열장을 보게 된 것이다. 처음에는 구경하는 것만으로 즐거웠다.

날 눈여겨보던 주인의 친절함에 이끌려 안으로 들어가게 되었다. 방설임 끝에 앙증맞은 귀걸이 한 쌍을 샀다. 작은 보석함을 만지작거리며 집으로 돌아올 때는 이미 화가 풀려있었다. 비싼 것은 아니더라도 가끔 일을 벌였다. 그러다 보니 간이 커졌다. 값나가는 물건이 갖고 싶어 무리를 할 때도 있었다. 하나 둘 액세서리 보석이 모이기 시작했고, 그것은 남편 몰래 장롱 깊숙한 곳에 감춰졌다. 미안하기도 하고 들킬까봐 내심 걱정이었지만 취미가 되어버린 이 일을 그만두고 싶지 않았다.

틈나면 목걸이며 팔찌를 들여다보고 윤이 나도록 닦았다. 보석함을 열면 눈부신 광채가 났다. 다 내 것이라는 생각에 기분이 극도로 좋아졌다. 알 수 없는 희열감을 은근히 즐겼다. 쳐다보고 껴보는 재미에 취해있을 그 때야말로 시름과 불만도 잊을 수 있었다.

처음엔 이런 행위를 내 속에 쌓인 화를 쏟아내는 돌파구쯤으로 생각했다. 어느 순간부터는 화가 나지 않아도 보석에 눈독을 들였다. 뜸하면 허전함을 느낄 정도였으니까. 가지고 있던 보석이 싫증나면 새 디자인으로 다시 만들어두었다. 큰 아이가 태어났어도 여전했다. 아이의 돌 반지를 내 것으로 만들었다. 미안한 감정도 없었다. 나의 행위는 둘째 아이가 태어났어도 계속되었다.

우연이었다. 겉치레에 불과한 보석을 애지중지 닦아온 것이 한낱 허상이었음을 알게 된 것은. 무심코 텔레비전을 시청하다가 기아에 허덕이는 사람들을 보게 되었다. 어른들은 물론이요, 퀭한 아이들의 슬픈 눈망울을 보면서 지금까지의 허영에 종지부를 찍었다. 결혼반지만 남겨놓고 패물을 정리했다. 아이들의 슬픈 눈망울을 전부 거둬들일 수는 없겠지만 그들을 위해 보탬이 되려했다. 아깝지가 않았다.

그간 지나친 소유욕에 빠져 주위를 둘러보는 시야가 흐려있었던 것이다. 몸에 붙어있던 장신구를 떼어내며 다시는 금붙이를 장만하는 일이 없을 거라고 스스로에게 다짐했다. 사치를 하지 않겠다는 나 자신과의 약속을 지키기 위해 발길을 끊었다. 액세서리가 보여도 예전의 내가 아니었다. 보석상을 지나쳐도 편안했다. 그 동안 왜 그리 못 가져 안달이었던가 싶을 정도였다. 십여 년을 지내면서 그 약속을 지켰다. 그런데 느닷없이 병이 난 것이다.

반지를 꺼내려 장롱을 열었다. 이불 속으로 손을 밀어 넣었다. 그런데 없다. 전부 꺼내 살펴보았다. 끼지도 않을 물건, 아무데나 두어 잃어버리는 것보다 나을 것 같아 깊숙한 데 넣어두었는데. 어딘가에 있으려니 했다.

서랍장을 열어보았다. 여행용 가방도 뒤졌다. 옷걸이에 쭉 걸린 옷을 보는 순간 외투가 생각났다. 손에 잡히는 대로 옷을 끄집어냈다. 내가 찾는 옷이 없다. 얼굴이 달아올랐다. 세게 뒤통수 한 대 맞은 것처럼 멍해졌다. 더 이상 찾을 필요가 없다. 좀도둑에게 털린 집 마냥 방안이 엉망이다. 손에 힘이 풀려 정리할 엄두가 나지 않는다.

작년 여름 일이 뇌리를 스친다. 장마로 습기가 차 집안 구석구석 곰팡이가 슬었다. 장롱 속에 둔 옷가지도 여지가 없었다. 피해 입은 옷을 쳐다보며 머리를 굴렸다. 입지도 않을 옷 눈 딱 감고 수거함에 집어넣었다. 가슴이 후련했고 세탁비를 절약했다는 뿌듯함에 기분이 좋았다. 그리고 까맣게 잊어버렸다.

왜 이리 어리석고 조심성이 없는 걸까. 마음 한 구석이 떨어져나간 것처럼 허하다. 버린 외투에 반지를 넣어두었던 것이다. 있겠거니 한 반지의 부재가 내 가슴을 때릴 줄 몰랐다. 다른 건 없앴지만 결혼반지는 남겨두었다. 새 모양으로 바꾸겠다는 좀 전의 생각은 잊어버리고 증표를 잃었다는 것에 마음이 쏠렸다.

모르는 사이 마음이 흔들리고 있었던 모양이다. 슬픈 아이의 눈망울도 나 자신과의 약속도 희미해졌다. 살며시 내 속을 잠식해오던 소유욕으로 내 눈이 다시 흐려지려는 찰나 반지의 부재는 나를 돌아보게 했다.

지금 마음이 참 편하다. 아무것도 가진 게 없다는 것이 얼마나 맘 편한 것인지 새삼 느낀다. 온전히 놓아 버렸어야했는데 반지를 남겨둔 것도 결국은 집착이었다. 하마터면 십여 년의 공이 한 순간에 무너질 뻔했다. 나 자신과의 약속을 파기하려는 순간 일깨움을 주기 위해 반지는 내 곁을 떠나갔다. 곱게 치장된 모양으로 새롭게 태어나기보다 떠남으로써 주인에게 깨달음을 주려함이었을 게다. 깰 뻔했던 자신과의 약속을 지키게 해준 반지가 고마울 따름이다.

잠시 갓길을 걸었다. 손아귀에 쥔 힘을 빼고 이제 본연의 길을 걸으려한다. 나 자신과의 약속을 되새기면서 다시 한 번 무소유를 생각하는 오늘이다.

램프를 찾아서

딸아이의 일기를 보고 있다. 방 청소를 하다가 노트정리는 잘하고 있는지 궁금해서 펼쳐본 게 일기장이다. 다른 노트와 함께 책꽂이에 가지런히 꽂혀있어서 일기장일 거라곤 전혀 생각지 못했다. 이젠 여중생인데 덮어두어야 하나. 찰나의 갈등 끝에 나의 눈길은 내용을 훑어 내린다.

입학하면서부터 쓴 모양이다. 친구들을 많이 사귀지 못했으며 과목마다 담당선생님이 달라 성격을 파악하는데 시간이 걸리겠다는 등, 학교에서의 일상을 익살스럽게 표현하고 있다. 나도 모르게 웃으며 다음 장을 넘긴다. 아버지라는 단어가 눈에 들어온다.

"만일 내게 단 한번의 소원을 들어주는 요술램프가 있다면 아버지의 병을 낫게 하는 알약 하나만 달라고 할 것이다."

눈앞이 흐려온다. 초등학교 오 학년 때부터 한 가지 소원으로 일관하던 큰아이의 바람이 바뀌어 있었다. 반듯한 글씨체로 또박또박 써 내려간 일기를 보면서 참 많이 컸다는 생각을 한다.

두 해 전, 딸아이가 애완용 강아지를 사달라며 졸라댔다. 좁은 아파트에 사람과 동물이 함께 살 수 없다고 잘라 말했다. 남편은 나보다 더 완강했다. 개 짖는 소리 때문에 이웃에게 피해를 끼치는 것은 물론이고 빠진 털 때문에 식구들의 건강에 나쁜 영향이 미친다는 말까지 덧붙이면서 반대했다. 그러나 큰아이는 고집을 부렸다. 귀찮을 정도로 나를 따라다니며 애원을 하다못해 눈물까지 뚝뚝 흘리는 것이었다. 어디서 구했는지 강아지 그림을 제 방 벽에 다닥다닥 붙여놓고 틈이 나면 쳐다보았다. 나중에는 용돈을 절약하여 모은 돈으로 강아지를 사겠다며 은근히 선전포고까지 하는 것이었다. 한두 푼도 아니고 몇 십 만원의 돈을 언제 다 모으겠는가. 저러다 지치면 말겠지 싶어 내버려두었다.

시간이 지나면서 그 일을 잊고 있었는데 난데없는 전화가 걸려왔다. 학교 앞 주택에 사는 아주머니인데 강아지가 없어져 어떻게 된 일인지 딸아이에게 묻기 위함이었다. 아주머니는 우리아이를 잘 알고 있었다. 공부를 마치고 나면 매일이다시피 강아지를 보러온다는 것이었다. 여느 때처럼 별 생각 없이 아이에게 안겨주고 외출을 했다가 집에 오니 강아지가 보이지 않았고, 수소문 끝에 우리 집으로 연락을 한 것이었다. 화가 치밀어 올랐다. 일단 아주머니에게 사과부터 하고 아이가 집에 오면 다시 전화를 드리겠다며 끊었다.

우리 집에 없으면 말일이지 남의 집 강아지를 데리고 놀다가 잃어버리기까지 하다니. 단단히 혼쭐낼 것이라 벼르며 아이가 오기만 기다렸다. 학원에서 돌아온 아이에게 문을 열어주면서부터 큰소리로 다그쳤다. 내 고함소리에 아이가 겁을 잔뜩 먹고는 울먹였다. 같이 놀다가 대문 안에 들여놓고 학원에 갔다는 것이다. 그 길로 아주머니 집에 아이를 보냈다. 일부러 그런 것도 아니고 실수였으니 할 수 없는 일이라며 놀라지 않았냐고 주인아저씨가 아이더러 위로를 한 모양이었다. 나에게 꾸중을 엄청 들은 아이는 얼마나 울었던지 눈이 퉁퉁 부어 있었고 그로 인해 집안 분위기는 엉망이 되었다. 퇴근해 온 남편은 연유를 들은 후 나를 책망했다. 이유 불문하고 아이부터 혼낸 것에 마음이 상했던 모양이다. 그날 결국 남편과 나는 강아지 문제로 언성을 높이는 단계까지 가게 되었다.

다음날 그 집을 찾아갔다. 다시 한번 사과를 한 후 서운하더라도 새 강아지를 사서 정붙이라며 얼마의 돈을 두고 왔다. 그 사실을 안 아이가 내게 통장을 내밀었다. 강아지를 사기 위해 작정을 하고 모았는지 제법 많은 돈이 들어 있었다. 한바탕 난리를 쳤으니 이제는 강아지 사는 것을 포기했겠지 싶어 도로 돌려주었다. 이후로 도통 강아지 얘기를 꺼내지 않기에 포기 했는가 했더니 그게 아니었던 모양이다.

우연히 자물쇠가 달린 아이의 일기장을 보게 되었는데 마침 열쇠가 꽂혀 있었다. 대수롭지 않게 펼쳐본 일기장에는 생각지도 않았던 강아지 얘기가 구구절절 적혀있었다. 미련을 버리지 못하고 있었던 것이다.

"나에게 만약 요술램프가 있다면 첫 번째도, 두 번째도, 그 다음에도 예쁜 강아지를 달라고 했을 것이다."

너무 갖고 싶어 꿈속에서조차 강아지가 보인다했다. 간절한 소망이 담긴 일기장을 덮을 수가 없었다. 한동안 생각에 잠겼다. 남편을 어떤 식으로 설득시켜 허락을 얻을 것인가. 나 또한 뒤치다꺼리를 잘할 수 있을 것인가. 사실 강아지를 예뻐하지만 집안에서 키운다는 것은 싫다. 그러나 저러나 어떡해야하나. 갖고 싶어서 병이 날 지경인 아이의 소원을 들어주어야겠는데.

생각 끝에 아이를 불렀다. 이 년 후면 조그만 주택을 지어서 이사를 할 것이니 그 때 원하는 강아지와 덤으로 토끼도 두어 마리 사주겠다고 약속을 했다. 한참을 더 기다려야하는 것에 내심 실망하는 눈빛을 보였지만 그래도 강아지를 키울 수 있다는 희망을 품는 것 같았다.

그러나 사람일이 마음먹은 대로 다 된다면 무슨 어려움이 있겠는가. 초겨울이 시작되면서 우리 집에 먹구름이 끼었다. 남편이 덜컥 자리에 누운 것이다. 아이들을 친정어머니에게 맡겨두고 정신없이 병원을 뛰어다녔다. 대수롭지 않게 생각했던 단순 종양이 암 덩어리였다니. 그것도 몇 개씩이나.

절박했다. 딸아이가 찾던 요술램프를 나도 찾기 시작했다. 나의 염원은 소원을 들어주는 램프를 찾는 일이었다. 백일을 보내고 또 백일을 보냈다. 눈을 뜨면 아니, 꿈속에서조차 램프를 찾아 헤매었다. 그리고 그토록 소원하던 램프를 찾았다. 남편을 치료해줄 의사를 만난 후 조금씩 차도를 보인 것이다. 힘든 시간이었지만 남편은 고통을 이겨나가며 희망을 가지기 시작했다. 우리는 희망을 절대 놓치지 않을 것이다.

아이를 바라보는 나의 시선이 달라졌다. 이미 딸아이는 투정부리고 고집 피우던 어린애가 아니었다. 친정어머니 말씀을 후일 들으니, 아침에 입을 옷을 전날 밤에 미리 챙겨 머리맡에 두고 동생 책가방을 열어 숙제와 준비물을 꼼꼼하게 점검하더라는 것이다. 또 아침 일찍 일어나 학교 갈 준비를 서두르며 제 할 일을 야무지게 해내더라고 했다.

매일 밤 베개가 젖도록 울다 잠들었다는 아이를 생각하면 지금도 마음이 아프다. 내 손이 아니면 아무 것도 하지 못하던 아이들이 나의 빈자리를 생각하며 얼마나 울었을까. 또 얼마나 부모가 그리웠을까. 남편 때문에 정신없이 돌아다녀 제대로 살펴주지 못한 것이 못내 미안하면서도 어느새 성큼 커버린 딸아이가 대견스럽기만 하다.

한번밖에 쓸 수 없는 소원을 이미 써버린 딸아이를 위해 이젠 내가 램프가 되어 줄 것이다. 비록 약속했던 시간보다 더 많은 세월이 흐른 후가 되겠지만 강아지를 두어 마리 기르고 뜰 한 켠에 토끼도 키우리라.

요술램프를 찾아 헤맨 경험이 한번쯤은 있었을 것이다. 그러나 요술램프는 멀리 있는 게 아니다. 사람의 가슴에 있다. 다만 그것을 필요로 하지 않는 사람에게 보이지 않을 뿐이다.

둘이서 하나

새벽 다섯 시, 슬며시 자리를 털고 일어선다. 편한 복장으로 옷매무새를 가다듬은 후 아파트를 빠져 나온다. 발에 걸리고 채인 어둠이 조금씩 물러가면서 여명의 등불이 서서히 길을 밝혀준다.

길을 나선 지 어제 같은데 벌써 두 계절이 지났다. 이 시간이 참 좋다. 피부에 와 닿는 촉촉한 공기가 흐릿한 정신을 일깨워주는 촉매역할을 해주기 때문이다. 굳이 알람 소리를 듣지 않아도 자연스레 눈이 떠진다. 천근만근의 무게가 아니다. 발걸음도 가볍다. 초기만 해도 어림없던 일이다. 선잠을 깬 것처럼 눈꺼풀이 내려오고 의지와 상관없이 내딛는 발길은 돌멩이를 걷어차기 일쑤였다.

목적지 도착이다. 잘 정돈된 밭에는 질서정연하게 사방으로

선을 그은 것처럼 흐트러짐이 없다. 과수나무와 농작물이 파릇하니 잘 자랐다. 주종을 이루는 아로니아 나무와 남편이 좋아하는 감나무와 대추나무, 내가 좋아하는 매실나무가 눈에 들어온다. 해마다 과실수 서너 종이 이사를 온다. 올 봄에는 멀리까지 가서 신품종 블루베리 스무 그루와 체리 열 그루를 들여왔다. 가뭄에 뿌리를 내릴지 걱정이었는데 다행히 잎을 틔워 잘 자라고 있다.

눈길은 내 땅으로 향한다. 농사 경험이 전혀 없는 나에게 원하는 작물을 키워보라며 내어준 열 평가량의 땅이 내 소유다. 하루가 다르게 커가는 작물이 신기하다. 곁눈질한 농사법으로 흙을 갈아엎어 거름을 하고 미생물로 만든 영양제도 주었다. 상추와 방울토마토, 오이, 가지, 참외, 수박 모종을 옮겨와 심었다. 경계선인 가장자리에 옥수수 씨를 심고 열흘 뒤 또 심었다. 날짜 간격을 두고 심으면 늦게까지 따 먹을 수 있다는 정보를 얻어들어서였다.

이슬을 머금은 오이가 유난히 싱싱해 보인다. 간밤에 손가락 마디만큼 키워냈다며 자랑이다. 정말 그렇다. 쑥쑥 커가는 게 눈에 보인다. 수고 했다며 돌고래 신호를 보내 화답한다. 고개를 돌리니 가지가 보라색 웃음을 보인다. 반질반질 윤기가 돌아 여간 탐스럽지 않다. 적당히 커 나물로도 무쳐먹고 살짝 구워서 간장에 찍어먹어도 좋을 듯하다.

나무 사이로 분주한 남편이 보인다. 시커멓게 그을린 얼굴이 영락없는 농부다. 지칠 법도 한데 천생 체질인가보다. 식사를 마치자마자 깊은 잠에 빠질 만큼 피곤해도 새벽이면 언제 그랬냐는 듯 일 나갈 채비를 한다. 정해진 휴일이 없어 비오는 날만이라도 쉬자 하지만 바쁘다 한다. 유기농 영양제를 만들어야 하고, 농약을 대신해 자연에서 얻은 나뭇잎과 풀뿌리로 벌레퇴치 약을 만드는 중이라 연구해야할 일이 많다는 것이다. 비료를 사용하면 열매가 굵고 수확이 많다는데도 굳이 자신만의 농법을 고집한다. 굵기가 작고 수확이 많지 않아도 잘 했다며 엄지손을 척 들어준다. 흰 이를 드러내며 웃는 남편이 정겨운데다 귀여움은 덤이다.

처음부터 그랬던 건 아니다. 퇴직을 앞두고 갑자기 농사를 시작하겠다는 말에 당황했다. 아무리 계산을 해도 수지타산이 안 맞는 거였다. 야생동물과 새들을 막으려면 울타리를 만들고 그물도 쳐야 하는데 그 비용을 어떻게 감당할지. 퇴비며 농약 값도 만만치 않고, 특히 농자재를 구입하는 것이 큰 부담이었다.

농사가 그리 쉬운 일이냐고. 힘들 거라고. 손익을 따져 얻는 게 별반 없을 거라고. 헛돈 쓰기보다 연금으로 가끔 여행이나 다니자며 반기를 들었다. 끈질긴 설득에도 요지부동이니 꿈쩍도 안하는 남편이 원망스럽기만 했다. 나 역시 아무 것도 도와주지 않겠다며 고집을 부렸다. 매몰차게 점심은 물론 간식도 챙기지 않았다. 밭에 무엇을 심는지, 어떻게 가꾸는지 관심도 두지 않았다. 서로의 마음이 다르니 남편은 밭으로 나는 취미 생활로 각자의 길을 걸었다.

어느 날, 바구니가 주방에 놓여 있었다. 입맛을 돋우는 상추가, 오이랑 가지가, 향이 가득한 더덕이, 누른 덩이 늙은 호박이 바구니 가득이었다. 마치 전장에서 가져온 전리품처럼 번쩍거렸다. 눈길이 갔고 조금씩 닫힌 마음이 열리기 시작했다. 상추쌈을, 더덕구이를, 오이냉국을 식탁에 내었다. 덤으로 호박죽과 옥수수를 쪄 새참으로 바구니에 넣어두기도 했다.

슬슬 현장이 궁금해졌다. 어떻게 해 놨을지. 졸린 눈을 비비며 처음으로 남편 뒤를 따랐다. 가져오는 수확물을 보고 어느 정도 예상은 했지만 기대이상이었다. 메말라 풀도 잘 자라지 못하던 거친 땅에 보약이 한 가득이었다. 아로니아 나무에 가지가 휠 정도로 열매가 달렸고, 남편이 좋아하는 대추나무에도 서운하지 않을 만큼 왕대추가 달려있었다. 당귀와 방풍, 도라지가 뿌리를 깊이 내렸고 하수오와 참마도 영역을 넓히려 줄기를 있는 대로 뻗어가고 있었다.

헐렁한 작업복에 챙이 넓은 모자를 눌러쓴 남편의 발걸음이 날렵하다. 나 역시 일복으로 무장한 채 흥겨운 걸음으로 그이 뒤를 따른다. 점심 도시락과 간식이 담긴 바구니를 옆에 끼고 흥얼거리는데 남편의 부드러운 시선이 느껴진다. 처음부터 같이 동행했더라면 좋았을 것을. 엇갈린 두 마음을 합치는데 짧지 않은 시간을 허비했다.

남편 홀로 늦가을부터 울타리를 만들고 그물도 치며 봄을 준비했다. 땅의 면모가 조금씩 갖춰졌다. 거친 땅에 퇴비와 거름으로 영양을 주어 구덩이를 파고 묘목을 심기 시작했다. 쉼없이 줄어드는 통장의 잔고에 속만 상했지 한겨울에도 땅을 파는 줄 모르고 있었음이다. 못해 낼 줄 알았다. 호락호락한 땅이 아니었기에 경비만 허비 하다가 손을 놓을 줄 알았다. 한번 호되게 고생해 보라는 심산이었기에 거들기는커녕 관심도 주지 않았던 것이다.

아직도 통장의 잔고는 채워질 기미가 없다. 더 이상 빠져나가지만 않았음 하는 바람이다. 나름 위로를 삼는다. 야무지게 과일나무와 약초며 싱싱한 채소를 길러냈으니 전혀 소득이 없는 것은 아니라고. 수지타산도 계산 나름 아니던가. 무 농약에 천연 영양제로 가꾼 과일나무며, 갖가지 약초와 채소 가격을 어떻게 정할 것인가. 단가를 올리는 수밖에. 갑자기 기운이 난다. 머지않아 손익분기점에 도달할 것이고 곧 흑자로 돌아서지 않을까 싶다.

이제 둘이서 시작해야겠다. 적자 통장을 메우려면 이른 시간부터 소매를 걷어붙여야겠다. 거름을 하고 잡초도 뽑고 많이 달린 열매를 솎아내는 작업을 게을리 하지 말아야겠다. 윤기 흐르는 과실수며, 각종 보약이 가득한 땅에 허리를 굽힌다. 둘이 하나 되어.

덤

마트에 자주 간다. 편한 점이 많아서다. 양손 가득 물건을 들고 땀 흘리며 끙끙대지 않아도 된다. 필요한 물건을 카트에 담아 밀고 다니면 팔이 아프지 않아 한결 수월하다. 제법 긴 시간을 돌아다니며 이것저것 구경해도 피로하지가 않아 좋다.

코너 어딜 돌아다녀도 거리낌이 없다. 몇 바퀴를 돈다고 눈치 주는 직원이 없으니 찬찬히 구경하면서 필요한 물건을 구입하면 된다. 기분전환 겸 쇼핑을 즐기는 재미가 제법 쏠쏠하다. 지루하지 않게 음악이 흐르기도 하는데, 그럴 땐 금상첨화다.

정말 좋은 점은 가격을 붙여놓아 필요한 만큼 구입하는 것이다. 버릴 것 없어 경제적이라는 생각이 어느 순간 뇌리에 박혀 마트를 자주 찾게 되었다. 물건은 갖고 싶은데 가격을 몰라 망설일 필요가 없다. 친절하게도 알고자 하는 가격이 일

일이 적혀 있다. 어쩌다 제품에 이상이 있으면 영수증과 물건을 들고 서비스 센터에 접수하면 즉시 해결해준다. 직원의 친절함에 분란을 일으키며 얼굴 붉히지 않아도 된다. 손님은 왕이라는 말답게 구십 도로 허리를 굽혀 인사하는 직원들의 친절에 어깨가 으쓱거려진다.

마트를 자주 찾게 된 또 하나는 알뜰 장을 보는 것이다. 전단지나 문자메일을 통해 할인시기를 알려준다. 그 시기를 잘 맞추면 두 개를 한 개 가격으로 살 수 있으니 일거이득이다. 구입하고자 하는 물건에 또 하나를 붙여 준다 하니 그게 바로 덤인 것이다. 하나를 더 얻었다는 뿌듯함은 곧 생활비를 줄였다는 것 아닌가. 흐뭇함을 무엇에 비할까. 주부로서 알뜰한 살림을 일궈가는 것이 첫째인데, 큰 몫을 했다. 이런 이유로 지인들과 할인마트에 풀 방구리 쥐 드나들 듯했다.

그런데 언제부터인지 가계부에 빨간 신호등이 켜졌다. 한 달 생활비가 일주일 전부터 바닥을 보이기 시작했다. 필요한 데에 썼거니 하면서 나름대로 절약하려 노력했건만 나아질 기미가 없다. 매월 날아드는 카드청구서를 역으로 살펴보았다. 뒤통수를 세게 맞은 기분이 이런 것일까. 수개월 전부터 카드 금액이 급격히 늘어난 채로 지금까지 죽 이어져온 게 아닌가.

원인을 찾아야 했다. 카드 내역을 꼼꼼히 챙겨본 결과 대부분이 마트에서 결재되었다. 영수증엔 당장 필요하지 않은 것임에도 파격적인 할인가격에 혹해 구입한 품목들이 대부분이었다. 세제나 화장지 등 생필품은 물론이고, 이월 상품인 의류도 있었다. 심지어는 고장 나서 못쓰게 될 때를 기다리는 새 청소기가 포장된 채로 구석에 숨어 있었다. 나를 가장 부끄럽게 한 것은 내년에 입을 거라며 파격 할인가로 산 옷이었다. 정작 다음 해엔 유행이 지나 옷장 한 구석에서 빛을 보지 못하고 있었으니.

기가 막혔다. 마트 가는 발길을 당장 끊어야 했다. 그걸 낙으로 삼았으니 쉬운 일이 아니었다. 지인들이 가자고 하면 슬며시 딴청을 부리기도 하고, 따라나서도 유혹에 빠지지 않으려 단단히 마음을 다잡았다.

친절하고 상냥해 보이던 직원들이 코너에 배치된 마네킹처럼 인위적으로 다가왔다. 나에게만 유독 친절한 것이 아니라 모든 이들에게 습관적으로 허리를 굽히고 있었던 것이다. 직원의 토씨 하나 틀리지 않고 제품을 설명하는 짧은 시간이 지루해졌다. 그토록 좋아 보이고 살림에 엄청 보탬이 되던 모든 물건들이 갑자기 낯설게 느껴졌다. 상품 하나하나에 매겨진 가격이 여지가 없다. 천 원이면 좋으련만 몇 원까지 정확히 계산된 가격이다. 깍쟁이도 이런 깍쟁이가 없다. 흥정이 없는 곳이 여기다. 조용히 필요한 물건을 구입하고 가격표대로 계산하면 되는 것이다.

뭔가 허전하다. 아우성치고 여기저기서 날 부르는 소리가 들리는 듯하다. 심지어는 옷자락을 슬며시 당기는 것 같다. 그

것이 부담스러워 마트를 찾게 되었는데.

오랜만에 재래시장을 찾는다. 부산함과 소란스러움이 마치 시골장터에 온 것 같다. 어물전에 가려는데 뒤에서 할머니가 부른다. 봄나물 한 소쿠리를 놓고 사 가라 성화다. 못 들은 척 지나치려는데 뒷덜미를 낚아채듯해 발걸음을 멈춘다.

"새댁아, 얼매나 부드러운지 봐라. 지금 따 와 싱싱하다. 진 잎이 하나도 없제? 버릴 것도 없구마. 더 얹어 줄건 게 퍼떡 가져 가거래이."

참 다정하다. 새댁도 아니건만 모른 척한다. 오랜만에 듣는 정감어린 사투리에 나도 모르게 지갑을 꺼낸다. 한 주먹 더 얹어주는 나물이 푸짐하다. 한동안 찾지 않았던 단골 과일가게에서 사과 두 알을 덤으로 받았다. 생선 가게에서도 조기 새끼 한 마리를 더 얹어준다. 아무 말 않는데도 그렇다. 마트 같으면 어림없는 일이다. 은근히 기분이 좋다. 그래, 바로 이 맛이었던 거야.

진정한 덤은 재래시장에서다. 세련되지 못하지만 나름의 재미가 있다. 하나에 또 하나를 더 사야 하는 부담도 없을 뿐더러, 한 움큼 얹어주는 덤이 있으니까. 투박하긴 해도 오가는 이의 옷자락을 은근히 잡으며 아낙네들의 마음을 잡아끄는 매력이 그들에게 있었다.

재래시장엔 가격표를 보기 힘들다. 한 무더기 놓인 물건의 가격을 일일이 물어 보아야 한다. 그런 후 적당히 흥정을 한다.

더러는 깎아 주기도 하고, 더러는 덤으로 얹어준다. 팔아줘서 고마워서이고, 다음에 또 오라는 뇌물이기도 하다.

덤은 정이다. 사람과 사람 사이를 이어주는 끈이다. 처음 온 사람에게도 단골에게도 한결 같게 덤이 주어진다. 마트는 그것을 끊어 놓고 있다. 덤이 없다. 기계적이고 인위적인 행동만 있다. 파는 이와 사는 이의 사이에 물건만 있을 뿐.

생활비가 줄었다. 그것도 마트에 갈 때보다 절반이나. 운동도 할 겸 걸어서 재래시장을 다녀와야겠다. 덤을 얻으러, 아니 정을 느끼려, 왁자지껄 사람들이 사는 온기를 느끼려.

하자보수

또 속을 썩인다. 이번 달만 해도 벌써 두 번째다. 거실 등이 말썽이어서 새 것으로 갈았는데 이번에는 세면대의 물이 잘 빠지지 않는다. 사실 전부터 그랬다. 조금씩 물이 더디게 빠지더니 오늘에서야 불편하고 심각하기까지 해서 설비기사를 부른 것이다.

한참이나 뚝딱거리며 연결된 관을 분리시키더니 이물질을 꺼내 보여준다. 시커먼 덩어리가 한주먹이다. 얇은 은박지와 비닐 조각, 녹슨 머리핀이 머리카락과 함께 뒤엉켜 물의 흐름을 막고 있었다. 문제는 지금 고친 것이 임시방편일 뿐 근본적인 해결방안은 아니라 한다. 세면대 관에 이물질이 낀 여파도 있지만 욕실 배수관 자체가 막혀 물이 빠지지 않았다는 것이다. 석회질과 이물질이 오랜 시간 쌓이다보니 딱딱하게 굳어

물이 흐르는 통로를 거의 막아버렸다.

바쁘다는 기사를 불러 세운다. 어떻게 해야 하는가 물으니, 배수관의 막힌 부분을 잘라내고 새것으로 바꾸어야 한다는 말을 남기고 황망히 사라진다. 더구나 우리 집이 아닌 아랫집 천장을 뜯어내야 한다니 대공사가 아닌가. 예사 일이 아니다.

그러는 사이 일주일이 흘렀다. 또 물이 가늘게 빠져나간다. 거의 빠지지 않을 정도다. 머리만 감아도 바닥이 흥건한데 샤워를 하고 나면 홍수가 난 듯 발등까지 물에 잠긴다. 이러니 당장에라도 공사를 서두르지 않을 수 없게 됐다. 업체를 알아봐야 하고 아랫집에 가서 양해를 구해야 한다.

급한 불은 꺼야했다. 설비기사가 하던 순서를 눈대중으로 봐둔 터라 따라 했다. 뚝딱거리며 나사를 푼 다음 잘 빠지지 않는 관을 꼭 쥐고 빼려는데 싸한 느낌이 왔다. 한 겨울에 차가운 얼음을 맨손으로 만지는 느낌, 손바닥을 베인 것이다. 스테인리스의 날카로운 부분이 손바닥의 살점을 떼어 순식간에 피가 뚝뚝 떨어졌다. 머리가 하얘졌다. 다른 때 같았다면 주저앉았을 터인데 정신을 다잡고 병원을 찾았다. 장갑을 끼고 작업해야 할 것을. 준비성 없는 자신을 나무라며 제발 큰 상처가 아니기를 바랐다. 신경을 건드리지 않아 다행이라는 의사의 말에 안도의 한숨을 토한다. 한 열흘간 손의 불편함을 감수하며 상처가 아물기를 기다렸다. 그 동안 일할 업체를 알아보았고 또 아랫집에 양해도 구했다.

공사는 생각보다 심각했다. 천장을 도려내고 새 부품으로 끼우고 붙이는 과정에서 허옇게 먼지가 내려앉아 엉망진창이 되었다. 금속이 잘려나가는 소리가 어찌나 크고 날카롭던지. 반나절이나 걸려 새것으로 관을 교체했다. 다행히 아랫집에서 쾌히 자리를 비워주어 얼마나 고마웠는지 모른다. 욕실은 물론이고 거실까지 어질러 미안한 마음뿐이었는데. 좋은 이웃을 만났다.

공사를 마친 지금 콧노래를 부를 만큼 욕실이 쾌적해졌다. 머리를 감고 샤워까지 해도 물이 고이지 않고 시원스레 빠져나간다. 속이 다 시원하다. 여태 개운치 않았던 공기의 흐름도 맑고 깨끗해진 것 같다. 수 년 동안 조금씩 나빠지고 있음도 모르고 공연히 짜증만 부렸다.

습관적으로 상처를 더듬는다. 두해 전 수술을 받았다. 로션을 바르는데 귀밑으로 뭔가 만져졌다. 뾰루지가 났나 싶어 두었는데 며칠이 지나도 없어지지 않았다. 신경이 쓰여 동네병원을 찾았다. 면역이 저하되거나 피곤하면 붓는 경우가 있다고 했다. 별것 아니라기에 무심코 일 년을 보냈다. 그런데 시간이 흐르면서 조금씩 자라는 것 같았다. 콩알 크기만큼 도드라져 보기에도 귀밑이 부풀어 있었다. 그 즈음 귀가 아리기 시작했다. 급속도로 커지는가 싶더니 이내 포도 알만해졌다. 불현듯 병원에 가야겠다는 생각이 들었다.

단순히 임파선이 부은 게 아니었다. 혹을 키웠던 것이다.

가슴이 먹먹해졌다. 왜 이런 병이 나에게 왔는지. 혹여 나쁜 병이면 어쩌나. 두 해를 흘려보냈으니 돌이킬 수 없는 상황까지 온 것은 아닐까. 무심코 보낸 시간들을 되돌리고 싶었다.

시티검사, 초음파검사, 조직검사까지 한 달 남짓 걸렸다. 그 시간을 혼자서 애태웠다. 잠을 못 잘 만큼 두려움에 떨었다. 눈물바람이었다. 남편과 아이들 얼굴이 종일 뇌리에서 떠나지 않았다. 주변정리를 시작했다. 보험증서를 챙기고 알아보기 쉽도록 통장의 비밀번호도 꼼꼼히 메모해 두었다. 집안일에 매달렸다. 장롱 속의 이불도 몽땅 꺼내 세탁하여 볕에 말리고, 다림질한 셔츠와 바지를 계절별로 구분하여 옷장에 가지런히 걸어놓았다. 그러는 사이 미어지던 마음이 조금씩 단단해져갔다.

수술대에 올랐다. 걱정하지 말라는 소리를 끝으로 잠이 들었다. 잠깐 잔 것 같은데 일어나라고 재촉이다. 깨어났음에 안도했지만 극심한 통증으로 정신을 차릴 수가 없었다. 생각한 만큼 단순한 수술이 아니었고 고통 또한 컸다. 한동안 입이 벌어지지 않아 미음조차 마시지 못했다. 후유증인지 유달리 고음에 민감해져 식구들에게 짜증부리는 일이 빈번해졌다. 가만히 있음에도 어지러움을 느껴 비행기나 차를 타기가 두려웠다. 아직도 수술 부위가 무덤덤해 꼬집어도 별 감각이 없다. 초반에 떼어냈더라면 상처도 작았을 건데. 상처를 볼 때마다 그 때의 암담했던 순간이 떠올라 나를 돌아보게 한다.

하자를 보수하고 있다. 항상 그대로일 것 같았던 내 몸이, 내 청춘이 조금씩 허물어져가고 있기에 여기저기 신경써야할 부분이 많아졌다. 가깝고 먼 거리조차 안경의 힘을 빌리지 않으면 불편함이 많다. 지금도 치과에 다니며 이를 보수하고 있다. 갱년기 진단을 받은 만큼 골다공증 검사를 위해 정형외과에도 다니고 또 부인과도 빼먹지 않는다.

여태껏 영원한 청춘이라 착각하며 살아왔다. 천하장사도 세월은 못 비껴난다고 그랬는데. 나에게만큼은 질병도, 노쇠함도 비껴갈 줄 알았다. 그런 허울은 언제 생겼는지. 지금껏 제멋대로 살아온 것이 생각할수록 헛웃음이 난다.

먹을거리도 유통 기한이 있고 건물도 하자 보수 기간이 있는데, 난들. 그걸 깨닫는데 많은 시일이 걸렸다. 요즘은 마음이 좀 편해졌다. 시련이 오더라도 절망하고 슬퍼하며 주저앉을 것이 아니라 고장 나면 고쳐서 살아가고 닳아서 불편하면 새것으로 교체하면 될 일인 것을.

3부

마트로시카

문을 여는 순간 무거운 기운이 양어깨를 누른다. 암울하다. 웃음소리가 없다. 고요하여 적막감이 나돈다. 조용한 가운데 소음이라면 낮게 흘러나오는 드라마속의 연기자 목소리다. 텔레비전을 보는 이가 없다. 아니, 간간이 간병하는 아주머니의 눈길이 화면을 쓸다갈 뿐. 이 소리마저 들리지 않는다면 주검들이 누워있다고 착각할 정도다. 잠이 들었는지 아님 움직이는 것조차 귀찮은지 미동이 없다.

친구어머니를 뵈러왔다. 몇 호실인지. 이름도 모르고 무작정 오다 보니 병실 찾기가 쉽지 않아 이곳저곳을 헤맨 끝에 겨우 찾았다. 간호사에게 진작 물어볼 것을. 노인들만 수용한 병실이 따로 있다는 것을 모르고 있었음이다.

여덟시를 조금 넘겼기에 벌써 잠자리에 들었을 것이라곤 생각지 못했다. 잠든 듯 누워있는 얼굴들을 훑어나가는데, 병실 끄트머리에 친구어머니가 누워있다. 이름이 낯설다. 누구어머니가 당신의 또 다른 이름이었기에 이름을 안다는 것이 어쩌면 무리였는지 모른다.

작은 인기척에 눈을 뜬다. 다행히 알아보시곤 손부터 내민다. 눈시울이 뜨거워온다. 숱한 세월 일에 묻혀 살아온 어머니다. 구부정한 허리와 뭉툭한 손가락이 그간의 노고를 대변하고 있다. 혼자 힘으로 자식 건사는 물론이고 백세를 넘긴 시어머니 봉양에 꼬장꼬장한 지아비 수발드느라 기력을 다해버린 당신. 그 삶이 얼마나 고달팠는지 잘 알기에 가슴이 저려온다.

따끈한 국물을 한 숟갈 권한다. 마침 옆자리에 누워있던 할머니가 몸을 일으킨다. 이름과 나이를 훑는다. 아흔을 바라보건만 간간이 핀 검버섯을 제외하면 살결이 참 희고 곱다. 원래부터 고운 건지 아님 오랜 시간 병상에 있어 햇볕을 못 봐서인지 가늠이 안 된다. 치매환자라 이름도 나이도 자식도 못 알아본다며 슬며시 귀띔을 해준다. 바위 하나가 쿵하고 가슴에 떨어신다.

친구 어머니도 이 병에 걸렸다. 중증은 아니지만 좋았던 지난 삶의 기억들은 놓아버리고 정작 떨쳐버려야 할 어두운 기억들만 편린으로 남아 자신을 괴롭히는 모양이다. 끊어진 기억들을 아스라이 떠올리며 했던 말을 되뇌고 또 되뇐다. 할 얘기가 태산 같은데 행여 가버릴까 잡았던 손을 놓지 못한다.

자는 듯 누워있는 노인들. 얼굴에 핀 검버섯이 그들의 얼굴을 더 어둡게 만든다. 대부분 치매나 뇌졸중 환자다. 혼자서는 힘들어 남의 손에 자신을 내맡기고 있다. 두 명의 간병인이 열 개의 침상을 돌아다니며 수발을 든다. 노인 한 분 한 분을 돌보는 간병인의 마지막 보살핌을 뒤로하며 병실을 나선다. 돌아오는 발걸음이 천근만근이다.

그들의 얼굴 위로 겹치는 영상이 뇌리에서 사라지지 않는다. 십여 년 전 러시아를 다녀 온 지인으로부터 받은 목각인형이 떠올라서이다. 어머니 인형이라 불리는 마트로시카, 처음엔 참 생소하고 특이했다. 몸통을 비틀면 그 안에 작은 인형이 들어있고 그 인형을 비틀면 또 작은 인형이 차례차례 들어있다.

지인의 말에 의하면 가장 큰 것이 어머니고 나머지는 모두 자식이라고 했다. 온화한 얼굴 표정에서 자애롭고 후덕한 어머니의 모습이 겹쳐졌다. 가끔 자식을 꺼내 어머니 옆에 나란히 세워두기도 하고 도로 몸속에 넣어두기도 했다. 마치 어머니 품속에 있는 듯 포근했다. 언제 봐도 그 모습 그대로인 어머니인형에 정이 푹 들었다.

그러던 중 우연히 토우를 알게 되고 거기에 빠져들었다. 다양한 표정의 인형들이 해학적이며 활기찼다. 그 모습이 재미있어 틈나는 대로 모으기 시작했다. 그러다보니 거실 중앙에 있던 어머니인형은 자연스레 구석진 자리로 밀려났다. 점점 토우와 같이 있는 것이 어울리지 않았다. 후덕해보이던 인상이 어느 사이 추레해 보이기까지 했다. 급기야 서랍 한구석에 밀쳐둔 채 까마득히 잊어버렸다.

어머니가 누워있다. 그 자세로 몇 년을 꼼짝 않고 있었으니 얼마나 삭신이 쑤시고 저렸을까. 먼지가 앉아 뽀얗다. 손으로 털어내니 얼굴선이 살아난다. 그런데 처음의 그 얼굴이 아니다. 군데군데 얼룩이 져 검버섯이 피어있다. 닦아도 좀체 없어지지 않는다. 진한 눈썹이 옅어졌고 볼그스레하던 볼도 핏기가 없다. 미안함에 문질러 검버섯을 떼어내려 하지만 오히려 생채기만 생겼다. 토우에 정신이 팔려 어머니를 팽개치고 있었음이다.

생각이 깊어간다. 치매, 참 슬픈 병에 걸렸다. 자신을 송두리째 잃어버리는 병. 밥도 받아 먹어야하고 기저귀를 차야하는 병. 그래서 아기가 되는 병. 막무가내로 투정부리고 떼쓰고 밖에 나가자고 보채는 병. 이름표 없이 나가면 미아가 되는 병. 평생 살아왔던 집을 나서면 혼자서는 다시 찾아오지 못하는 병. 깊어갈수록 내 속으로 난 자식까지 놓아버려 바라보는 가족들의 억장이 무너지는 슬픈 병이다.

덜컥 겁이 난다. 치매, 슬픈 이 병에 걸리면 어쩌나. 나이도 이름도 기억 못하는 병에 걸리면 어쩌나. 자식 얼굴도 몰라보고 허공만 바라보는 슬프디슬픈 병에 걸리면 정말 어쩌나. 제발, 사력을 다해 자식을 지켜온 이 땅의 어머니들이 온갖 것다 놓아버리는 슬픈 이 병만큼은 비껴가길 기도한다.

세월의 때가 흠씬 묻은 어머니가 장식장 한편에 구부정하니 서서 나를 바라본다.

다시 산문을 지나며

암자를 오르는 길이 좁다. 한 사람이 겨우 오르내릴 정도로 좁은 길이 십 수 년이 지난 지금도 그대로이다.

칠순 노모를 모시고 암자에 이르니 산문 대신 수령이 오래된 은행나무와 단풍나무가 잎들을 떨구며 우리 모녀를 맞는다. 법당과 부엌이 달린 방을 가진 요사채가 이 가람의 전부다. 식구도 단출해서 노스님과 시중을 드는 진명행자로, 가끔씩 공양주 보살이 절집 살림을 도우러 암자를 다녀갈 뿐 초하루가 아니면 인적이 뜸한 곳이다. 마침 공양주 보살이 먼저 와서 있다가 반갑게 우릴 맞는다. 어머니의 손을 잡고 반가와 한다.

한낮의 따사로움이 산중에 머물면 가람 곳곳에는 가을이 익어간다. 노랗게 익은 모과가 은은한 자연의 향기를 뿜어낸다.

법당에 참배하고 아침 겸 점심상을 받는다. 채마밭에서 뽑아 온 푸성귀가 시장기를 부추긴다. 된장 속에 묻어 두었다 꺼내 온 장아찌를 숟가락에 걸쳐 밥 한 그릇을 비우고 나니 비로소 허기가 가신다. 절에서 먹는 밥은 진수성찬이 아니어도 맛나다. 비싼 값을 치르며 맛보는 도심의 음식 맛과는 아주 다른 맛깔스러움이 있다.

옹달샘의 물로 설거지를 한 후 공양주를 따라 채마밭으로 향한다. 밭에는 삼 동 내내 먹을 배추가 줄지어 섰고 손목만큼 자란 무도 허연 속살을 반쯤 드러내고 있다. 벌레도 없고 속이 찬 것이 탐스럽다. 올 가을에는 김장하는 일을 도와주고 싶다.

유달리 산 속은 해가 빨리 기운다. 어둠이 산을 덮자 싸늘한 기운이 가슴을 파고든다. 군불을 땐다. 굴뚝에는 연기가 스물스물 피어오르고 온돌방은 금시 달아올라 방안 가득 훈훈함이 어린다.

산 창山窓틈으로 달빛이 기어들고 이름 모를 풀벌레가 목청을 돋우니 요사채 아래로 흐르는 개울물이 돌 돌 돌 소리를 내며 장단을 맞춘다. 산중의 밤은 자연의 소리로 가득 찬다. 달빛과 별빛이 어둠을 밝히면 소리들이 일어선다. 대나무 부딪는 소리, 짝을 찾는 밤새의 울음소리, 물소리, 바람소리가 적막을 깨뜨리며 가을밤을 노래한다.

잠자리가 바뀌어서인지 잠이 오지 않는다. 뒤척이기를 여러 번, 잠을 포기하고 불을 켠다. 보자기를 풀어 예불드릴 때 입으라며 어머니가 장만 해 주신 하얀 저고리와 회색바지를 입는다.

거울 속에 비친 나는 산문을 들어서는 수행자를 닮았다는 생각이 든다. 성난 얼굴이 아니다. 탐욕과 집착으로 가득 찼던 눈빛은 사라지고 평정을 되찾은 본연의 내가 서 있다. 화장기 없는 얼굴이 밉지 않다. 겉모습이 전부가 아님을 알면서도 치장하려는 속성을 버리지 못함은 나의 내면에 숨겨진 두 마음이 있기 때문이다. 세상일에 적당히 타협하며 통속적인 삶을 부추기는 마음과, 탐욕과 집착에서 벗어나려 안간힘을 다하는 본연의 마음이 서로를 억누르며 파문을 일으킨다. 이럴 때면 나는 어머니의 힘을 빌려 산문에 들어선다. 속俗을 끊고 정진에 든다. 철저한 수행으로 정화된 본연의 나를 찾는다.

독경소리에 잠을 깬다. 이부자리가 개어져 있고 어머니의 모습이 보이지 않는다. 세수를 하니 짜릿한 차가움이 여린 손끝을 타고 전신을 감돈다. 가을인데도 산중의 아침은 겨울만큼이나 시리다. 아침 기운이 온 산을 촉촉이 적시며 하늘로 오른다. 이제 곧 눈부신 햇살이 숲을 말리며 따스함을 뿌려주겠지.

계단을 밟아 법당을 찾아드니 단정히 앉아 염불삼매에 드신 어머니가 보인다. 내세에 다시 나면 수행인이 되겠다는 서원을 세우고 묵묵히 불자의 길을 걷는 어머니. 소리 없이 당신의 여식을 불자로 이끄시고 마음이 흐려질 때마다 산문에 발을 딛게 하신다. 그런 어머니는 나에게 늘 큰 힘이 되어 준다.

오래 전 어머니는 후두암 선고를 받으셨다. 완치율이 높다지만 말기인지라 수술을 한다 해도 다시는 목소리를 낼 수가 없는 삶을 살아가야 했다. 어머니는 6개월의 시한부 삶을 내내 고집하셨다. 결국은 자식들의 설득에 수술을 하셨지만 당신의 모습을 보이기가 싫어서인지 바깥생활을 삼갔다. 삶의 끈이 되어 왔던 종교마저 끊으시고 암울해 하셨다. 2년 뒤, 암이 재발되어 고통스러운 투병생활이 시작되었다. 어머니는 놓았던 염주를 다시 잡으셨다. 원망에 가득 찼던 마음을 비우고 예전의 모습을 되찾으셨다. 불경을 보면서 진리를 깨달으셨는지도 모른다.

어머니는 하루하루의 삶을 소중히 여기신다. 남은 시간들을 헛되이 않고 정진하시는 모습이 참 보기가 좋다. 조용히 어머니 곁에서 염주를 돌린다.

산문을 나서는 나는 욕심과 성냄과 집착으로 가득 찼던 어제의 내가 아니다. 나의 마음은 새털처럼 가볍다. 덕지덕지 붙어 있던 온갖 것들이 하나 둘 떨어져 나가기에.

산길을 내려간다. 여름 내내 달고 있던 이파리들을 아낌없이 대지에 떨어뜨리는 나무에게서 삶의 지혜를 깨닫듯이 불변하는 자연의 모습을 바라보는 내 눈과 귀도 밝아 옴을 깨닫는다. 가을 산은 풍요로움으로 가득 차 내 마음에 기쁨 하나를 더 얹어 준다.

나를 지탱할 수 없을 때 나는 다시 산문을 향할 것이다.

낙화

언제 그랬냐는 듯 온 세상이 고요하다. 휘저어대던 기세는 어디로 갔는지. 폭군은 둥그런 아침을 토해내곤 흔적 없이 사라졌다. 온 누리에 밝은 빛이 쫙 퍼진다. 새로 나온 햇살은 눈부시게 온 누리를 비추고 그 빛에 놀란 듯 잎사귀가 실눈을 뜨고 있다. 애꿎은 비바람에 얼마나 숨죽였을까. 애처롭게 매달린 잎에 생채기가 선연하다. 떨어지지 않으려 얼마나 애썼는지 온통 상처투성이다.

간밤은 공포였다. 세찬 바람은 빗줄기를 동반한 채 밤새 세상을 때려댔다. 그 기세에 눌려 잔뜩 웅크렸던 육신을 움직여 본다. 팔을 뻗어 기지개를 켠다. 창문을 열어 청아한 공기를 피부 속까지 빨아들인다.

길 건너 아파트를 감싼 나무울타리가 유난히 희다. 간밤의 비로 먼지가 깨끗이 씻겨나간 모양이다. 돌리려던 시선이 순간 덩굴장미에 머문다. 탐스럽게 핀 꽃들은 어디로 가고 만개 못한 꽃봉오리만 간간이 눈에 들어온다. 낮은 울타리를 감은 덩굴장미가 활짝 피어 오가는 사람들의 시선을 한 몸에 받지 않았던가. 꽃잎 하나하나가 뜯겨져 시멘트바닥에 뒹굴고 있다. 하얀 울타리와 빨간 장미의 조화로움이 균형을 잃고 혼란에 빠져버렸다.

경직된 목소리가 전화선을 타고 내 귀에 박힌다. 막내시누이다. 무겁게 내려앉은 목소리는 뭔가 일이 생겼다는 신호음이다. 순간 오만가지 상념들이 꼬리를 문다. 가슴에서 방망이질 치는 소리가 갈수록 요란하다.

중환자실에 한 노인이 누워있다. 쇠잔한 얼굴에 핏기라곤 없다. 눈동자 맞추기도 어려운 듯 초점이 흐리다. 조금 전에 깨어나셨다는 어머님이 나를 알아보시곤 손을 내민다. 무엇하러 여기까지 왔냐는 표정을 애써 짓지만 반가움이 숨어 있다. 가까이 다가가 손을 잡는다. 푸석하다. 물기라곤 없다. 손가락 마디마디가 굳어 제대로 펴지지 않는다. 장작 같이 깡마른 팔뚝에 살점이라곤 없다. 몸을 닦느라 이리저리 돌려도 내 맡길 뿐 어떤 내침도 없다. 예전 같으면 두어라하시며 손사래를 칠 것을.

가슴이 내려앉는다. 뒤돌아서 얼른 눈물을 훔친다. 이십여 년 가까이 뇌졸중을 앓아 그 끝으로 힘든 것이려니 했다. 가끔 주물러드렸던 팔다리마저도 최근엔 만져보지 못했다. 이토록 마른 줄 몰랐다. 고개를 들 수가 없다. 생선가시가 목에 걸린 것처럼 아려온다. 바쁘다는 핑계로 자주 찾아뵙지 못한 것이 마음에 걸린다.

하루가 가고 이틀이 지났다. 링거 병의 수액이 관을 타고 흘러들어 가녀린 핏줄을 돌고 있다. 창백하던 얼굴에 화색이 돈다. 내젓는 팔이 어제보다 영 낫다. 초점 없던 눈빛도 조금씩 돌아오는 듯하다.

사정없이 팽개쳐진 채 흐르는 시간 속에 쪼그라들겠지. 더러는 지나가는 행인의 발에 밟혀 무참히 일그러질 테지. 정열이라는 꽃말을 지닌 붉은 장미. 어제까지만 해도 아름다움으로 주위의 부러움을 사더니 하루아침에 아무짝에도 쓸모없게 되다니. 우아한 자태는 어디로 가고 구차함만 남았는지. 정말 순간에 불과하구나. 매혹적인 아름다움도 낙화하는 순간 끝나 버린다는 것이 허망할 뿐이다. 바닥에 짓이겨 쓸모없는 장미의 신세가 가엾다. 어느 꽃의 삶이 그러하지 않을까 마는 저토록 고귀하고 어여쁜 장미가 참으로 가엾기만 하다.

작은 바람에도 꽃잎들이 이리저리 뒹군다. 이대로 둘 수 없다. 꽃잎들을 줍는다. 한 장 한 장 소쿠리에 낱장들이 쌓여간다. 말짱한 것도 생채기 나고 짓이겨진 것도 모두 주워 담는다. 불꽃같은 열정들이 힘을 잃어서인지 저항이 없다. 잡히는 대로 내 손에서 소쿠리로 옮겨가도 묵묵부답이다.

선명하고 고운 빛깔이 아직 남아 있어 그마나 다행이다. 한지를 두어 장 깔고 그 위에 꽃잎들을 쏟아낸다. 예쁘게 말려야지. 흙이 묻은 것은 찬물에 헹구어 따로 말릴 참이다. 아직 물기가 채 마르지 않아 종이에 스며든다. 베란다 그늘에 두고 창을 열어 놓으면 바람이 꽃잎의 수분을 걷어가겠지. 간간이 뒤집어주기를 반복한다. 예쁘게 색깔이 바래졌으면 좋겠다. 향기도 잃지 않았음 더 바랄 것이 없겠다.

드디어 작업이 끝났다. 바싹하게 잘 말랐다. 선명하고 곱던 색깔이 검붉게 바래 원래 빛은 잃었지만 그래도 기분이 좋다. 그대로 콘크리트바닥에 두었더라면 흔적 없이 사라졌을 터인데.

소쿠리에 담은 것은 거실에 두고, 유리병에 가득 담은 것은 안방에 두었다. 그런데 향이 없다. 진하고 매혹적인 향이 나리라 예상했는데 별로다. 물에 씻어서일까. 아님 잘못 말리기라도 한 걸까. 코끝을 들이대야 미미한 향이 아주 조금씩 새어나온다. 실망스럽다. 예사 정성이 아니었는데. 역시 꽃은 피어있을 때가 가장 빛나고 향도 좋은 모양이다.

어머님이 퇴원을 했다. 활기차게 다시 들일을 하실 거라 생각했는데 아니다. 간밤의 된서리에 어지간히 골병이 들었나보다. 우두커니 마루에 앉아 먼 산을 하릴 없이 바라본다. 마음은 이미 호미자루 챙겨들고 좁은 밭둑길로 잰걸음을 수도 없이 했을 터이다. 물기 어린 눈빛으로 날 바라본다. 이제 당신은 아무 일도 할 수 없다 되뇐다. 모든 기력을 소진하여 아무것도 남지 않은 허깨비라 한다. 휘청거리는 가냘픈 몸을 지팡이에 의지한 채 움직일 줄 모른다. 언제 저토록 허리가 굽었는지.

발걸음이 천근만근이다. 질질 끌며 거실에 들어서는 순간 왠지 모를 기분에 휩싸인다. 눈을 감는다. 긴 숨을 들이마신다. 천천히 아주 천천히 음미한다. 향이 없다고 실망했던 말라비틀어진 장미에서 조금씩 아주 조금씩 향기가 흘러나오고 있었음이다. 다른 것에, 진한 것에 묻혀있던 장미향을 이제야 알게 된 것이다. 은은하면서도 싫증나지 않는 향기가 집안 곳곳에 배어있다. 향기는 꼼짝 않고 서 있는 내게 다가와 부드럽게 나의 몸을 감싼다.

현관을 나선다. 허깨비가 아닌 당신에게서 우러나는 진정한 향기를 맡으러.

어머니

습관인 것 같다. 틈만 나면 밖을 내다본다. 길 건너 공사장에서 들려오는 시끄러운 소리에 아예 문을 닫고 살건만 유독 재미를 느끼는 모양이다. 포크 레인의 움직임을 내내 따라다닌다. 그런데도 정적이다. 적막감이 묻어난다. 불편할 텐데 싶어 의자를 내어놓는다. 겸연쩍어하면서도 얼른 앉는 모습에 울컥 마음이 상한다.

오랜만에 어머닌 딸네들 집에 다니러 오셨다. 큰딸, 막내딸 집을 거쳐서 우리 집이다. 올 봄까지만 해도 정정하셨던 분이 걸음걸이가 영 시원찮다. 계단도 쉬이 오르내리지 못하고, 시장을 한 바퀴 도는데도 한참이나 걸렸다.

영락없는 촌로村老의 모습이다. 없었던 얼굴에 검버섯이 피었다. 주름진 얼굴을 만지며 안타까워하자 아예 팔까지 걷어

부치며 저승꽃을 보여준다. 갈 날이 멀지 않았다고 한다. 그 말씀을 끝으로 또 다시 정적에 싸인다.

어머닌 아들 내외를 따라 도시로 떠났다. 은근히 고향에 남고 싶어 했지만 외아들이라 달리 선택의 여지가 없었다. 두 내외가 밖에 나가고 손자들도 학교에 가면 하루 종일 넓은 집 안에 홀로 남아 무슨 생각을 하셨을까. 아는 이도 없고 대문 열어놓고 왕래할 사람은 더더욱 없었으니 적막강산이었을 게다. 구경거리라곤 빼곡히 들어선 건물과 도로를 채우는 장난감 같은 차들의 움직임을 고층아파트 유리창을 통해 내려다보는 것이 전부였을 것이다. 여기까지 생각이 미치자 목이 멘다. 얼마나 외로웠을까. 딸네들이 보고 싶고 고향 또한 오죽 그리웠을까.

자주 불러 모시지 못한 것이 두고두고 걸릴지 모른다. 출가외인이라고 참 마음 편하게 지냈다. 생신 때나 찾아뵈어 조금의 용돈으로 의무를 다했다고 뿌듯해했다. 그 생각을 지우기라도 하듯 외출준비를 서두른다. 종일 아파트 밖에 시선을 두는 어머니에게 세상구경을 시켜드리려 한다. 밖에 나가자는 말에 기분이 좋은지 선뜻 옷을 갈아입는다. 오신 지 달포가 다되어가니 쌀쌀하여 은근히 옷이 얇다.

자꾸만 뒤쳐진다. 더디기만 하는 어머니와 보조를 맞추려면 내가 게으름을 부려야한다. 어머니 손을 잡는다. 어릴 땐 어머니 손에 이끌려 장터구경을 다니곤 했었는데.

옷가게에 들어선다. 가격부터 묻는다. 걱정하지 말래도 부담이 되는 모양이다. 두어 가지 입어보더니 마음에 드는 옷 하나를 골라 고개를 끄덕인다. 개량 한복을 보여 달라 했더니 손을 내젓는다. 단풍구경 갈 때 꼭 입고가시라 했다. 내 아이 둘을 해산수발 드셨으나 미련한 나는 옷 한 벌 못해드렸다. 그 땐 왜 그리 철이 없었는지.

돈 많이 썼다고 걱정하면서도 내심 얼굴에 홍조가 인다. 내친 김에 신기 편한 신발도 사드리고 좋아하시는 홍시와 떡도 샀다. 어머니 얼굴이 환해짐을 한눈에 알만큼 밝다. 시장구경이 재미있다고 하신다.

여기서는 심심찮게 나들이를 하셨다. 오래 살아왔던 터전이라 외출이 편했을 것이다. 즐겨 드시는 먹 거리도 사고 여기저기 난장에 놓인 것들을 구경하는 재미도 쏠쏠하게 즐기셨다. 이곳을 떠나는 순간부터 모든 게 단절되어버렸을 것이다. 지리도 모를뿐더러 친구가 없으니 나서기 두려웠을 것이다. 초하루면 어김없이 법당에 드셔서 불공삼매에 드실 터인데 그것마저도 끊어졌다. 그저 잘 계시려니 했을 뿐 어머니의 외로웠을 도시생활을 한번도 생각해보지 않았다.

운동도 할 겸 집까지 걷자했다. 어머니 손을 잡고 천천히 걸으면서 한 가지씩 당부를 드렸다. 다리가 아파 점차 거동이 불편할지 모르니 가볍게 매일 운동하시라 했다. 집에만 있지 말고 노인정에 가서 이웃들도 사귀고 어울리시라 권했다. 바쁜 아들 내외 혹여 소홀할 때가 있어도 이해하시어 섭섭한 마음 아예 갖지 마시라 했다. 딸 여럿보다 아들 하나가 큰 몫을 하니 든든하게 생각하시라 말씀드렸다. 그러면서도 나의 목소리는 점점 힘을 잃고 수그러든다. 아들이다 딸이다 구별 않고 여식들도 똑 같이 대하셨건만 자꾸 뒷전에 서 있으니.

코고는 소리가 방안을 가득 채운다. 깊이 잠든 듯 나의 기척에도 반응이 없다. 잠귀 밝은 노인이 웬일인가 싶다가 나도 모르게 미소를 짓는다. 무엇이 그리 좋은지 어린아이처럼 입가에 웃음기마저 돈다. 내내 돌아다녔으니 피곤도 하실 테지. 아침까지 푹 주무실게다.

어머니의 모습이 예전 같지 않다. 총총하던 기억력이 자꾸 떨어지고 옛 일도 희미해지는 모양이다. 혹여 치매 증세는 아닐까. 아침에 일어나면 화장실 등이 켜져 있고 화장지도 여기저기 널브러져 있다. 잘 하시던 뒷정리도 깔끔하지 못하다.

저번 생신 때까지만 해도 정갈하고 단정한 모습으로 한 점 흐트러짐이 없었다. 머리카락 한 올 옷에 붙어있지 않고 옷매무새도 단정했다. 우리 집에 오셨어도 솜 이부자리 빨아서 곱게 바느질하시랴, 구석구석 집안 청소에 뒷정리하시랴 바쁘셨다. 딸네 집에 다녀오시면 한 이틀 누워 계셔서 속상했다는 올케언니의 싫은 소리도 들었었는데.

피곤도 하련만 잠이 멀리 달아난다. 마음이 무겁다. 물끄러미 어머니를 바라보다 되뇐다. 아직은 남편 험담 늘어놓고 아이들 말 안 들어서 속상하다며 투정부리고 싶다고. 여려져만 가는 당신의 모습을 받아들일 준비가 전혀 되지 않았다고.

작아져만 가는 어머니를 왜 여태 모르고 있었을까. 나를 보듬기보다는 기대고 싶을 만큼 힘이 달린다는 것을 눈치 채지 못했다. 언제나 어머니의 자리를 지키고 계실 것 같았는데 이제 슬그머니 놓을 준비를 하시는 건지. 갑자기 놓아버리면 놀랄까봐 조금씩 아주 조금씩 받아들일 마음의 준비를 하도록 시간을 주시려 함인가.

그래, 진작 알아차렸어야 했다. 딸이 해주는 한 벌 옷에 얼굴 가득 미소가 번지는 것도 당신의 나약함을 굳이 숨기지 않으려 함이었다. 횡단보도를 건널 때 나의 손을 꼭 잡던 것도 힘이 부치고 약해져만 가는 육신을 장성한 딸에게 의지하려 함이다. 이젠 내가 어머닐 챙겨야한다. 알맹이는 우리 다섯 형제들에게 다 나눠주고 빈껍데기만 남은 노인을 보듬어 안아야 한다. 바람에 쓸려갈 것 같은 육신을 받쳐줄 든든한 지주가 되어야 한다.

어둠이 걷히고 있다. 온 밤을 지새우는 사이 철부지 딸의 흔적이 비로소 걷히고 있다. 그리고 어머니라는 또 다른 모습이 조금씩 드러나고 있다.

파란대문

파란 대문 집이 고모 댁宅이다. 안방을 둘러본다. 작은 텔레비전도 예전 그대로 재봉틀 위에 놓여 있고 장롱도 고모가 쓰던 대로다. 안방 주인이 바뀌었을 뿐 변한 것은 없다. 오랜 세월 척박한 삶을 살다 가신 고모 대신 이제는 며느리가 안방을 지키고 있다. 대쪽 같던 고모의 고함소리가 들리는 듯하다.

고모는 열아홉에 연애를 하셨다 한다. 부모님이 정해주는 혼처 자리를 마다하고 같은 동네 총각을 사랑하게 된 것이었다. 얼굴도 모르고 혼인을 하던 시절이었으니 고모의 연애는 큰 사건이 아닐 수 없었다. 버린 자식이라며 조부님은 고모와의 연을 끊었다. 양가의 반대에도 불구하고 두 사람은 맺어졌다. 아들을 낳고 행복했지만 그것도 잠시였다.

아이가 걸음마를 배울 즈음 남편은 일본으로 유학을 떠나게 되었다. 스물을 갓 넘은 새댁의 몸으로 혼자 살아가야 했다. 몇 년을 기다렸지만 남편은 돌아오지 않았다. 같이 떠났던 친구 분이 돌아와서 살림을 차려 아이까지 두었다는 소식을 전해 주었다.

고모는 충격에 몸져눕고 시댁에서는 아이를 데려가려 했다. 아이는 고모의 삶을 이어주는 끈이었다. 포기할 수 없었다. 아이를 지키기 위해 궂은일도 마다 않았다. 악착같이 일했다. 땅 마지기 문서가 고모 손에 쥐어지던 날 하염없이 흐르는 눈물을 닦지도 않았다 한다. 그날 처음으로 호사스런 울음을 터트렸는지도 모른다. 남의 이목 때문에 마음대로 울어 보기나 했겠는가.

고향에 잠시 돌아 온 남편은 "다시 태어나면 영원히 함께 하자"며 일본으로 떠나갔다. 애타게 기다렸던 남편은 이미 내 남자가 아니었다. 행여 나에게로 다시 돌아올지 모른다는 기대마저 무너졌다. 그쪽에도 처자식이 있으니 더는 옷자락을 붙잡을 수도 없었다. 가슴이 찢어지는 아픔을 견뎌야 했다. 남편을 잊는다는 건 쉬운 일이 아니었다. 미움으로, 때로는 그리움으로 떠오르는 얼굴을 지울 수가 없었다. 마음뿐이었다. 금방이라도 대문을 밀치고 들어 설 것 같아 차마 문을 잠그지 못했다.

아버지는 고모보다 열 살이나 아래였다. 고모의 삶을 누구보다 가슴 아파했다. 고생이라곤 모르던 누이였다. 어렵게 살아가는 누이가 눈에 밟혀 잠이 오지 않는다며 눈물을 흘리셨다. 내가 일곱 살이 되면서부터 아버지는 심부름을 시키셨다. 바구니에는 생선과 찬거리 그리고 소주 한 병이 늘 들어 있었다. 긴긴 밤을 지새우며 가슴 아파 할 누이에게 어쩌면 술 한잔이 위로가 될지도 모른다는 배려에서였다.

푸줏간에서 고기를 사오는 날이면 조금 전에 다녀왔어도 또 고모 집을 향해야 했다. 십여 분의 거리가 그때는 왜 그렇게 멀기만 했던지. 그럴 때면 아버지가 야속했고 집에 오지 않는 고모까지 미웠다.

고모는 유독 나를 좋아하셨다. 아버지가 나에게 심부름을 보내신 것도 그래서였다. 나만 보면 머리를 쓰다듬으며 시렁 위에 얹어 둔 과자를 내려놓고는 골라 먹게 했다. 가져간 바구니를 가득 채우고도 양에 차지 않아서인지 이것저것을 챙겨 나를 앞세우고 집 앞까지 바라다 주셨다. 집에 들어가기를 청해도 고개를 저으며 발길을 돌렸다.

친정에 발을 딛지 못 하는 마음은 바위가 짓누르는 고통보다 컸을 것이다. 보고 싶은 어머니를 두고 돌아서는 발길은 얼마나 무거웠으랴. 어머니가 그리워 베개가 젖도록 흘린 눈물은 오죽 많았겠는가. 형제들과 오순도순 살던 그때가 얼마나 그립고 사무쳤겠는가. 그럼에도 친정아버지 제사에 한번 오지 않고 대문 안으로 장본 바구니를 살짝 들여놓곤 갔다. 부모님의 뜻을 거역한 불효여식이 그나마 잘 살아 주었더라면 좋았으련만 남편에게 버림받았으니 감히 친정에 발을 들일 염치가 없어서였다. 시댁과도 왕래를 끊었고 아는 사람도 거의 없었다. 늘 외롭고 허전했다. 아버지가 고모의 외로움을 덜어 주었을 뿐.

오랫동안 바구니는 우리 집에서 고모 집을, 고모 집에서 우리 집을 오가며 정을 이어주었다. 안부가 바구니에 들어 있었다. 언제나 술이 한 병뿐인 것은 고모의 건강을 염려한 아버지의 마음이 깃들어 있었기 때문임을 늦게 서야 알았다.

어느 순간부터 고모 집에 가기가 두려웠다. 내 손을 잡으면 놓지를 않았다. 무슨 얘기든 해야 했고, 또 들어주어야 했다. 살아가기에 급급해 앞 뒤 생각할 여유마저 없었던 고모였다. 얼굴에 주름이 패고 노안의 눈으로 바라보는 세상이 두렵고 무서웠기에 나에게조차 의지하려 했음을 왜 알지 못했던지. 어린 나로서는 황급히 대문을 나서고만 싶었으니….

고모를 평생 걱정하며 사신 아버지가 먼저 세상을 떠나셨다. 여전히 고모는 집에 오지 않았다. 아들과 손자만 보낸 채 멀찍이 서서 동생의 마지막 가는 길을 지켜보면서 오열했다. 고모의 슬픔은 처절했다. 믿고 의지했던 동생이 떠났으니 기댈 곳을 잃은 것이다.

이제는 나 대신 아니, 아버지 대신 어머니가 바구니를 드셔야 했다. 이것저것 챙겨 가면 언제 올지 알 수 없었다. 한참 지나서야 돌아오는 어머니 눈가가 축축한 걸 보니 우셨던 모양이다. 어머니는 같은 여자로서 시누이의 마음을 알아 주셨고 많이 애달파하셨던 것 같다.

고모도 세상을 떠나셨다. 상여 뒤를 따르는 행렬이 초라했다. 남들처럼 평범하게 살았더라면 많은 가솔들이 줄을 이었을 텐데. 아들 내외와 손자들, 그리고 아버지 형제들이 전부였다. 고모를 생각하면 가슴이 아려온다. 내 나이 사십에 가까우니, 육십 년이 넘도록 자식 하나 바라보며 살아 온 세월이 얼마나 쓰라리고 힘이 들었겠는가를 조금은 알 것 같다. 홀로 살아가는 것은 쉬운 일이 아닐 것이다. 더구나 지아비에게 버림받고 살아 온 삶이 편했을 리가 없다. 등 뒤로 수군대는 사람들의 따가운 시선에 더욱 더 삶은 고달팠을 것이다. 감당할 수 없는 일에 부닥쳐 울기도 많이 했을 것이며, 아비 없는 자식이라고 놀림이라도 당하면 지아비를 원망하는 마음은 하늘만큼 높아갔을 것이다. 나로서는 도저히 감당할 수 없을 것 같은 힘겨운 삶을 고모는 끝까지 감내하며 사셨다.

파란대문을 들어 설 수 있는 것은 자신을 다스리며 안방을 지켜온 고모가 있었기 때문이 아닐까. 주어진 삶을 거부하고 뛰쳐나갔더라면 나에게 고모가 있었다는 사실조차도 몰랐을 것이다. 오늘따라 고모 생각이 간절하다. 고모의 삶을 껴안고 싶은데. 이제는 손때 묻은 유품들을 어루만져 볼뿐이다.

대문을 나선다. 자꾸 돌아보지만 고모가 서 있던 자리는 비어 있다. 올려다보는 쪽빛 하늘이 오늘따라 유난히 푸르다.

토우를 바라보며

언니에게서 전화가 왔다. 주말에 내려오겠다는 것이다. 갑작스러움에 무슨 일인지 물어봤지만 좋은 일이라며 웃기만 한다.

며칠이 지난 후에 조심스럽게 상자하나를 들고 현관을 들어서는 언니를 맞이했다. 궁금해서 상자부터 열었다. 몇 겹의 포장지를 벗겨내니 형체가 드러났다. 모녀가 마주 앉아 바느질하는 모습의 토우였다. 순간 고마움보다 실망이 앞섰다. 이름 있는 사람의 작품이라는 것을 언니는 덧붙였지만 후줄근하고 초라해 보이는 모녀가 마음에 들지 않았다.

친근감이 생기지 않는다. 가는 눈에 튀어나온 광대뼈며 야위고 긴 목이 구차해 보인다. 소매를 팔뚝까지 걷어붙인 채 두 손에는 옷감을 잡고 있다. 광주리에는 바느질감이 가득 들어 있어 짧은 밤을 지새워야 함을 말하는 것 같다. 또 구부정한 자세는 고달픈 삶을 살아가는 힘겨움을 표현한 것 같아 마음이 아프다. 딸의 모습은 어머니와 달리 살진 볼이 부어 있는걸 보니 화가 난 모양이다. 밤 새워 어머니 일을 도와야 함이 못마땅해서인지 입을 삐죽거리고 있다. 어머니는 철없는 딸을 달래려하지만 고집이 여간 아니어서 꿈쩍도 않는다.

거실장 위에 올려놓아도 화려함이 없어서인지 눈에 들어오지 않는다. 먼지가 앉았는가 싶어 털어도 보고 살짝 닦아도 보지만 원래부터 태깔이 나는 것이 아니었다. 여러 번 장소를 옮겨봤지만 어울리지가 않아 처음 자리인 거실장 위로 되돌려 놓았다.

언젠가 장식품을 파는 가게에서 한복을 곱게 차려입은 인형을 사왔었다. 부드러운 입술과 고운 눈매, 단정히 빗어 쪽찐 머리가 아름다웠고 노랑저고리와 다홍치마가 화려함을 더해 주었다.

그런 모습에 익숙해 있던 나에게는 토우 속의 모녀가 궁색해 보이는 것이 당연했는지도 모른다. 하필이면 구차하고 청승맞게 빚었을까. 곱고 화려한 색으로 덧칠을 했더라면 좋았을 것을. 토우에 대해서 아는 바가 없었던 나의 무지한 생각에서였다.

시간이 흐르면서 두 모녀가 자주 눈에 들어왔다. 그러다가 작품을 제대로 볼 줄 아는 안목이 없었음을 깨달았다.

작가는 서민들의 애환이 담긴 삶을 옛 여인들의 일상 속에서 표현하려 함이었다. 지금까지의 생각과는 달리 토우 속에 깃 든 어머니는 자애로움이 넘친다. 광주리에는 질박한 삶이 들어있고 어머니는 그 삶을 꿰매고 있다. 과년한 딸에게 바느질을 가르치며 요모조모 살림살이를 익히게 한다. 딸의 모습도 달라 보인다. 통통한 볼이 맏며느리 감이다. 정담을 나누며 바느질하는 모습이 다정하다. 머잖아 여울 딸아이가 대견스럽고 한편으로는 서운한 마음이 드는 모양이다.

옛 여인들은 주로 밤에 바느질을 했다. 낮에는 밭일이며 집안일에 바빠 엄두도 못 내고 식구들이 잠든 늦은 시간에 옷가지를 손질하고 버선을 만들었겠지. 웃음기를 머금은 채 잠든 아이들을 바라보며 어머니는 힘든 하루의 고단함도 잊어버린다.

모녀를 보니 어머니가 생각난다. 나 어릴 적 어머니는 호롱불 앞에 앉아 바느질을 하셨다. 밤이 깊었는데도 아랫목에서 동생과 장난을 해대면 어머니는 윗목으로 슬며시 물러나 앉으셨다. 야단을 치실 만도 한데 미소를 머금은 채 바느질만 하셨다. 어머니는 바느질 틈틈이 자투리 천으로 앞치마며, 벙어리장갑과 덧버선, 인형에 입힐 옷을 만들어 주셨다. 그것들을 들고 동네 아이들에게 자랑하고 다녀 또래의 친구들에게 부러움을 사기도 했다.

볕이 좋은 날에 어머니는 이부자리를 뜯어내어 빨래를 했다. 이런 날은 언니들도 한 몫 하지 않을 수 없었다. 풀을 먹인 홑청을 걷어 와서 어머니는 입 안 가득 물을 머금었다가 뿜어내었다. 주름을 펴기 위해 어머니는 큰언니와 마주앉아 홑청을 잡아당겼다. 그럴 때마다 '퍽`하며 소리가 났다. 재미있을 것 같아 나도 해보겠다고 했다. 나를 골려주느라 잡아당기던 홑청을 슬며시 놓았다. 벌러덩 뒤로 나자빠지는 통에 식구들이 박장대소했던 기억이 되살아난다.

어머니는 다림질한 홑청을 가지런히 펴놓고 이불을 꾸미셨다. 이불을 밟으며 장난을 치는 통에 어머니 일은 더디게 끝났다. 새 이불을 덮는 날은 기분이 좋았다. 풀을 먹여 홑청에서 바삭거리는 소리가 났다. 공연히 들썩거리는 통에 언니에게 혼쭐났지만 지금 생각해도 재밌고 그때가 그리워진다. 문틈으로 스며드는 겨울바람이 싸늘했어도 이불 속에서 형제들이 서로의 체온으로 감싸주었기에 혹한 삼동이 지나가지 않았나 싶다.

식탁보도 새로 만들 겸해서 천을 몇 마 끊어왔다. 장롱 깊숙이 잠자던 반짇고리를 꺼낸다. 안에는 가위며 바늘, 실이 들어있다. 녹슨 바늘이 있는걸 보니 오랫동안 제 역할을 잃고 있었음이다. 시침질 할 부분을 접어서 다림질을 한 후 바느질을 해나갔다. 처음 해보는 일이라 무척 힘이 들었고 서툴다보니 바늘이 손끝을 찔러 아팠다.

오전 내내 시간을 보낸 끝에 식탁보가 완성되었다. 재봉틀을 사용한 것도 아니고 바늘로 한 올씩 뜨다보니 꽤 많은 시간이 흘렀다. 첫솜씨치고는 식탁보가 괜찮게 만들어졌다. 다음번에는 풀 먹여서 이불을 꾸미던 어머니 흉내를 내어볼까 한다.

시집올 때 어머니가 해주신 두꺼운 솜이불 한 채가 있다. 매년 겨울이 지나면 어머니가 오신다. 겨우 내내 덮어서 숨이 죽은 솜이불을 손 봐 주기 위해서이다. 올 해는 나 스스로 이불을 꾸며봐야겠다. 눈도 어둡고 건강이 안 좋은 어머니의 고생을 덜어드리고 싶어서이다. 넓은 거실에 홑청을 펼쳐놓으면 아이들이 서로 따라 해보겠다며 성화를 부릴지도 모를 일이다. 어머니가 그러하셨듯이 야단치지 말고 넉넉한 웃음을 보여야겠다.

거실 장에 놓인 후줄근한 어머니도 정겹고 양 볼이 통통한 딸내미도 복스럽다. 두 모녀를 바라보며 가끔은 옛 추억을 더듬는 시간을 가져서 좋다.

내일은 언니에게 전화를 해야겠다. 그때 말하지 못한 고마움을 전하기 위해.

고목古木

대문 앞에 선다. 반쯤 열린 틈으로 낯익은 풍경이 눈에 들어온다. 토광이 보이고, 장독이 보이고, 지붕위로 우뚝 솟은 감나무가 보인다.

뒤곁에는 키가 큰 나무가 몇 그루 있다. 담장을 대신하는 은행나무며 모과나무, 감나무가 그것들이다. 많은 감이 열리더니 점차 줄어들어 몇 해 전부터 한 접이 채 못 된다. 나이가 많아서이고 또 태풍을 견디지 못해 큰 가지가 부러져 나간 탓이 아닌가 싶다.

예전엔 탐스럽고 맛난 감이 많이 열렸다. 사람들은 손을 뻗쳐 크고 잘 익은 것을 먼저 따려고 다퉜다. 나무는 미소를 지으며 아낌없이 주었다. 대가를 바라지도 않았다. 그저 열매를 먹어주는 것이 흐뭇하기만 했다. 사람들이 더 이상 딸 수 없는 높이의 것은 잠시 쉬어 가는 새들의 몫이었다.

문을 밀친다. 기척을 느꼈는지 부엌문이 열린다. 어머님이다. 눈이 마주치는 순간 그을린 얼굴에 미소가 번진다. 두 손주를 품에 안고 연신 볼을 비비며 반가워한다. 농사짓느라 땡볕에 그을린 얼굴이 유난히 검게 보인다. 한 여름 낮을 밭에서 풀 매느라 허리 한번 펴지 않았을 것이다. 칠순을 넘겼건만 아직도 농사를 짓는다. 쉬셔야 한다고 말리는데도 자손들 푸성귀 뜯어주는 재미에 힘들지 않다며 한사코 손을 내젓는다.

내가 시집왔을 무렵에는 우물이 있었다. 앵두나무 한 그루도 우물을 벗하여 다정히 서 있었다. 작고 빨간 열매가 얼마나 많이 열리던지. 그러나 지금은 앵두나무도 우물도 없다. 막내 손주가 걷기 시작 할 무렵 어머님이 나무를 베어내고 곧이어 우물도 메워버렸다. 동네 우물을 사용할지라도 당신의 손주에게 닥칠지도 모를 위험을 막기 위한 배려였다.

대청마루에 앉는다. 깨끗하다. 어머님은 유난히 마루에 애정이 깊다. 흙 마당이라 바람이 스쳐 지나면 허옇게 먼지가 앉는다. 그럴 때마다 어머님은 걸레를 든다. 먼지가 앉은 것을 지나치지 않는다. 마루는 긴 세월을 어머님과 함께 했다. 수시로 걸레질을 하여 칠을 한 것처럼 번질번질하다.

신혼여행에서 돌아온 나는 그 길로 시댁에 발이 묶였다. 가풍도 익히고 시댁 식구들과 친밀감을 가지라는 배려에서였다. 새벽 네 시가 되면 어김없이 어머님은 잠자리에서 일어났다.

오랜 습관이 되어서 더 이상 누워있지를 못했다. 집 안팎을 치우고 아침상을 차려놓은 후 일을 나갔다. 중천에 해 오른 것도 모른 채 깊은 잠을 자고 있어도 며느리를 깨우거나 책망하지 않았다. 관대했다. 그렇지만 어머님은 마루가 정결하지 못하면 꾸중을 했다. 흙먼지가 수없이 날아드는 촌집에서 마루가 번질거릴 정도로 매끈하고 깨끗하다는 것은 웬만한 부지런함이 아니면 힘든 일이었다. 청소를 하지 않은 것도 아니고 흙먼지가 자꾸 앉아서인데. 닦아봐야 헛일이라는 말이 입안에서 맴돌았지만 마루를 닦았다.

대청마루는 어머님의 휴식처였다. 일에 지쳤을 때 잠시 눈을 붙여 피로를 푸는 곳이었다. 또 집에 찾아드는 사람들을 대접하는 장소이기도 했다. 어머님은 종가 집 큰며느리다. 명절이나 대소사에 많은 친척들이 대청마루에 앉았다. 오며가며 찾아드는 길손들도 물 한 사발 얻어 마시며 잠시 쉬어갔다. 소쿠리에 가득 담은 감을 내어놓고 그들을 대접했다. 마실 온 아주머니도 마루에 앉아 얘기꽃을 피웠다. 이웃도 어머님에게는 늘 손님이었다. 깨끗하지 않은 마루에 그들을 앉게 하는 것은 예가 아니었다. 언제든 손님이 찾아들어도 앉을 수 있게 걸레질을 해두는 것이었다.

지금은 시키지 않아도 걸레를 든다. 두 손에 힘을 주어 마루를 닦은 후 걸레와 빨래 방망이를 챙겨들고 냇가로 향한다. 빨래를 하던 친척 아주머니들에게 인사를 하자 한마디 한다.

"또 마루 닦으라지? 아무튼 쓸고 닦는 데는 아무도 못 따라간다니까."

한바탕 웃는다. 시댁에 와서는 시골 아낙이 된다. 어머님의 옷을 걸치고 화장기 없는 얼굴로 냇가에 나와도 부끄럽지 않다. '거제댁'이라는 소리가 어색하지 않을 만큼 이곳 사람들과도 격이 없어졌다. 나와 이곳을 세월이 자연스럽게 엮어준 때문이다.

저녁을 지어야겠다. 집 뒤 텃밭이 궁금하다. 먹 거리가 많이 심어져 있을 것이다. 짐작대로 옥수수며 상추, 호박, 풋고추, 더덕이 넓은 밭에 소담스럽게 자라고 있다. 오늘 저녁상은 푸짐할 것이고 밥 한 그릇은 거뜬히 비우지 싶다.

고목을 바라본다. 돌이 많고 거친 땅에 뿌리를 내리고 온갖 자양분을 빨아올려 결실을 맺는 수고를 평생 감내했다. 많은 것을 나눠주고 이제 앙상한 가지만 남았다. 흙이 패여 뿌리가 드러나고 바람에 부러져나간 자리가 허전해 보인다. 매끄럽던 가지가 뭉툭뭉툭해지고, 녹색 잎도 전에 같지 않게 투박하다. 선홍빛으로 곱게 물들던 단풍도 검붉은 색이 된 채 빨리 떨어져 버린다. 검고 딱딱한 껍질은 울퉁불퉁 골이 패이고 여기저기 흠집이 많다. 나무를 안아본다. 손바닥에 느껴지는 촉감이 딱딱하고 꺼칠하지만 연민의 정이 느껴진다.

마루에 누웠다. 달빛이 밝아 마당이 훤하다. 외양간 지붕에 박꽃이 수줍은 듯 고개를 내밀었다. 넓은 잎이 지붕을 덮어

시골집은 운치가 있다. 밤벌레 소리, 물 흐르는 소리, 멀리 개 짖는 소리가 들린다. 그 소리가 정겹다. 유년시절 고향집 풍경이 그러했기에 처음부터 이곳이 마냥 낯설지는 않았다.

모두들 잠이 들고 어머님과 둘이서 얘기를 나눈다. 고된 시집살이에 눈물짓던 얘기며, 친정 갈 때의 가슴 설레던 추억 얘기를. 어머님이 편하다. 고부간의 벽도 없다.

갑자기 생각난 듯 어머님이 묻는다.

“어멈아, 고추장은 있냐?”

“없어요. 된장도 다 먹어가고 참기름도 동이 났어요. 찹쌀도 한 되 주세요.”

아침에 눈을 떠보니 쌀자루, 된장, 참기름 그리고 푸성귀를 담은 바구니가 평상 위에 놓여있다. 야채가 싱싱하다. 이슬에 신을 적셔가며 호박과 풋고추를 땄을 것이다.

아침상을 차려놓고 뒤곁에 가니 감나무 밑에 어머님이 서 있다. 꺼칠한 손으로 고목이 된 감나무를 쓰다듬는다. 그 모습이 초췌하다.

오늘따라 감나무를 바라보는 어머님의 눈빛이 예사롭지가 않다.

나를 찾아서

회색 빛 하늘이 낮게 내려앉았다. 한바탕 비가 쏟아질 것처럼 무거워 보인다. 지금 내 마음의 색깔도 회색빛일 것이다. 아들 녀석을 때렸기 때문이다. 약속을 어기고 제 마음대로 한 행동에 대한 벌이었다. 매를 드는 순간부터 내 감정을 억제하지 못해 지도가 아닌 분풀이가 되어버렸다. 정신을 차리고 보니 심한 말로 상처를 내고 그것도 모자라 몸에 생채기까지 만들어놓았다.

가슴이 답답해지며 아파온다. 애초에는 종아리 몇 대 때릴 생각이었다. 매를 멈추어야 하는데도 마음뿐 몸이 말을 듣지 않는다. 내 안의 또 다른 내가 반란을 일으킨 모양이다. 머리 속이 혼란스럽다.

내 몸 속에는 두 마음이 살고 있다. 바른 길을 걷는 본연의 나와 그렇지 않은 나. 그들은 하루에도 수십 번을 다툰다. 불교라는 종교가 내 마음을 채우고 있는데도 말이다. 수행이 부족한 때문이다. 탐욕과 성냄과 어리석음에서 벗어나지 못한 까닭이다.

십여 년이 넘게 나의 의지처가 되어왔던 종교를 떠나 한동안 방황한 적이 있었다. 그 즈음 나에게 다가온 종교가 있었다. 우연히 불교를 알게 되었다. 서점과 암자를 드나들며 종교에 대해 흥미를 가지기 시작했다. 예전에 알았던 종교와는 또 다른 느낌을 받았다.

앞의 종교에서는 '남을 사랑하라'고 가르쳤지만 불교에서는 '내'가 먼저였다. 나 자신을 제대로 다스려야만 남을 사랑하고 이해하고 용서할 수가 있게 된다는 것이었다. 나를 충족시키기 위해 온갖 욕심을 내었고 그것이 채워지지 않음으로 해서 불같은 화를 일으키니 그 또한 어리석음이 빚어낸 일 아니던가. 탐욕과 성냄과 어리석음을 삼독三毒이라 했으니 그것으로부터 벗어나야 해탈한다는 진리였다.

그 진리를 받아들이면서부터 오랜만에 편안함을 느꼈다. 탐욕과 성냄과 어리석음 때문에 버거웠던 고통이 조금씩 덜어지고 있었다. '모든 원인은 나 자신으로부터 시작 된다'는 그 한마디가 나를 돌아보게 했다. 누군가를 미워하기 전에 나를 돌아보면 그 역시 원인의 시작은 자신이었다. 쌀 한 톨 만한 말 한마디가 상대방의 마음을 상하게 했고 그것이 점점 불어 결국은 쌀 한 말의 무게가 되어 내게로 다시 돌아온다는 평범한 진리를 모르고 살아 온 것이다.

이제는 불교의 진리를 믿는다. 그래서 한 점 의심도 없이 받아들인다. 불교 교리에 따르면 모든 사람은 인연에 의해 태어난다고 한다. 전생에서 뿌린 씨앗을 현생에서 거두고 현생에서 이룬 일들은 그 업에 따라 내생에서 결과를 맺는다. 욕심과 성냄과 어리석음을 되풀이하면 끝없는 윤회輪回속에서 아귀나 축생이 되는 업을 받을지도 모른다. 이제 불연을 맺었으니 부처님 진리에 매달려 앞만 보며 정진할 것이다. 진심으로 죄를 뉘우치며 굴리는 염주소리에 부처께서도 한쪽 눈을 지그시 감으시고 죄 많은 나의 업을 덜어 주실지 누가 알겠는가.

지난날 원대했던 꿈과 그것을 이루지 못해 가슴 아파한 일들이 눈에 선하다. 자신을 갉아먹어 상처투성이인 육신을 들여다본다. 한때는 누구에게도 지기 싫어했고 겉멋만 부린 채 본연의 모습을 숨기며 또 다른 나를 치장하기에 바빴던 삶이 있었다. 부족함이 너무도 많았던 나에게 할 일은 무조건 남을 앞서야한다는 생각에서였다.

이 모든 것이 흘러가는 뜬구름 잡기라는 걸 알았을 때 혼란스럽기만 했던 내 마음에 평정이 깃들기 시작했다. 뜬구름을 좇아 헛고생만 한 지난 세월이 안타까웠지만 그래도 지금에서야 깨닫게 된 것에 위안을 느끼니 기쁘기만 하다. 나를 감쌌던 장신구며 허위를 위해 둘렀던 옷가지를 벗어 던졌다. 헌옷을 걸쳐도 치렁치렁 매달던 패물들이 없어져도 불혹을 앞둔 나이에 비해 늙어버린 손을 들여다봐도 부끄럽다는 생각이 들지 않는다. 덕지덕지 붙어 다니던 허영과 쓸데없이 늘어만 가던 객기를 떨쳐 내니 왜 그렇게 몸이 가벼워지던지.

가끔 산사를 찾는다. 산문을 들어서면 향 내음이 코끝을 스친다. 진하지도 혼탁하지도 않는 향기를 맡으며 마음을 가다듬는다. 눈을 감고 귀를 열면 노스님의 염불소리가 가슴에 스며든다. 합장하며 머리를 숙일 때 바람은 풍경을 울리고 나는 오랜만에 고향집을 찾아드는 것처럼 마음이 안온해온다.

삶의 무게를 느낄 때 풍경소리를 듣는다. 풍경의 울림은 서두름이 없다. 천천히, 그리고 크지도 작지도 않은 소리로 듣고자 하는 이에게 조용히 스며든다. 그 소리는 나락에 빠져 허우적거리는 내게 생명의 끈이 되어 무명無明을 밝혀준다.

법당에 무릎 꿇어 부처님 전에 백팔 배를 올린다. 다리가 후들거리고 등에 땀줄기가 흘러내리도록 절하고 또 절을 한다. 엎드리고 있으면 죄업이 깨끗이 씻겨 내리는 것처럼 마음이 가볍고 후련해진다.

매일 기도하며 불심을 키워나가고 있다. 억만 겁을 태어나더라도 그때마다 수행인이 되게 해달라고, 아니 되겠다고 서원을 세운다. 늦게나마 불심을 얻었다는 것이 너무 다행스럽다. 한치 앞도 모르는 삶을 영원하다고 믿다가 부처님 진리에 뒤통수 한 대 맞고 문득 깨달음을 얻었다.

그러나 세상은 가끔 나의 본연을 흐리게 만든다. 오늘 같은 일이 자꾸 생기면 어쩌나 걱정이다. 세상일에 얽매이게 되어 늦게나마 얻었던 불심을 하루아침에 놓아버리지는 않을까 걱정이다. 어떤 때는 명색만 불교인으로 생활하는 건 아닌가. 그래서 부처님께 누를 끼치는 건 정말 아닐까 조바심이 앞선다.

잠든 아이 얼굴이 평화롭다. 조금 전의 일을 잊었는지 환하고 맑다. 나 자신을 다스릴 능력도 없으면서 나와의 인연으로 만난 아이를 다스리려했다니. 후회를 한다. 내가 할 수 있는 일은 아이를 위해 조용히 일구월심 무명을 깨치게 해달라고 기도를 올리는 것뿐임을 생각한다.

본연의 내가 보인다. 비로소 참다운 내가 일어서는 모양이다. 매일 나란 두 존재가 부대끼며 살아간다. 어떤 때는 본연의 내가 이기고 또 어떤 때는 다른 내가 승리하기를 반복한다. 하지만 성내고 욕심 부리며 멋대로 살아가라고 부추기는 또 다른 나를 본연의 내가 버려두지는 않을 것이다.

참다운 나를 찾아서 오늘도 두 손에 힘을 모아 합장을 한다.

술을 품다

나는 애주가다. 남들이 뭐라 할지라도 자칭 술을 사랑하는 사람이기 때문이다. 항간에는 술을 악마라고 하는 사람도 더러 있지만 술에 대한 나쁜 기억이 나에겐 없다. 소주잔으로 한 잔이 나의 주량이다. 어떤 경우에도 그 이상을 넘기지 않는다. 주량이 한 잔이라서 애주가 자격이 안 된다면 반박할 여지가 없지만 어쨌든 난 술을 즐긴다.

하여 술을 담는 것을 즐긴다. 작은 방엔 큰 병, 작은 병, 둥근 병, 길쭉한 병에 재료들을 달리한 담금 주가 여럿 놓여있다. 야생과일주도 있고, 초근목피로 담근 약주도 있다. 전문가의 도움을 받아 담근 것도 아니고 비싼 재료를 쓴 것도 아니다. 산에서 혹은 들에서 채취한 식용 가능한 나무뿌리, 풀뿌리가 주를 이룬다.

이 술들을 좋아한다. 매일은 아니지만 가끔씩 작은 술잔에 따라 쭉 들이킨다. 술꾼처럼 "카" 소리를 내보기도 한다. 하지만 딱 한 잔뿐이다. 더 마신다면 난리가 아니다. 얼굴이 뜨거워지면서 그 열기가 온 몸에 서서히 퍼지기 시작한다. 거기에서 그친다면 뭔 걱정이겠는가. 머리부터 발끝까지 벌레가 기어가는 것처럼 가려워 견딜 수가 없다. 정신없이 벅벅 긁어대다 보면 결국 피를 보고 만다. 한 시간 가량 지나면 언제 그랬냐는 듯 가라 앉지만 후유증으로 몇 번 낭패를 보고선 한 잔으로 아예 못을 박았다.

많은 양을 마셔서 술꾼이 아니라 간간히 즐겨서 술꾼이다. 한 잔의 술은 목을 타고 넘어가 조화를 부린다. 부끄러운 얘기지만 술을 마시면 가장 먼저 기분이 좋아진다는 것이다. 위축되고 긴장됐던 몸이 서서히 이완되는 것 같고 그에 따라 민감한 마음도 풀어진다.

한 잔의 술은 나를 추억하게 한다. 오래 전에 가신 친정아버지를 떠올리게 하고, 시아버지를 떠올리게 하며 지인을 생각나게 한다. 잊고 있었던 유년의 내 모습이 보이고 아버지와의 추억도 고스란히 뇌리를 스친다.

아버진 술을 즐기셨다. 두어 잔에 취하신 걸 보면 주량이 센 편은 아니었다. 광을 자주 들락거리면 어머니께 들킬세라 대접으로 포도주를 떠다 드렸다. 조금씩 나눠 마셨다면 별 무리가 없었을 텐데. 거나하게 취한 아버지의 고함소리는 담장을 넘었다. 어머니께 되게 혼쭐났지만 마음에 두지 않았다. 어머니의 꾸중보다도 아버지의 간곡함을 뿌리치기가 힘들어서였다.

아버지가 취하는 날은 어린 나에게 명절이었다. 온 식구들 불러 모아 잔치를 벌였다. 과자며, 과일이며 맛난 것을 내오게 하여 다섯 자식에게 골고루 먹이셨으니. 그래서 일부러 술을 드린 건 아니다. 다른 형제들이 아버지의 부탁을 들어주지 않아 결국 나에게까지 이른 것이다. 좀 더 오래 사셨더라면 아버지의 따뜻했던 마음을 알아차렸을 건데. 술에 아버지의 사랑이 녹아있었다. 지금도 나는 아버지의 술이 싫지 않다.

나의 추억은 어느 사이 새댁 시절의 한 귀퉁이에서 맴돌고 있다. 아버님도 역시 술을 좋아하셨다. 시댁에 머무는 것은 고작해야 사나흘이었다. 이튿날부터 아버님은 술에 취하셨다. 아들 내외가 받아온 됫병 술을 조금씩 마시다보니 어느 사이 한 방울도 남지 않았다. 뒷간 구석에 숨겨져 있는 빈병을 들고 나온 어머님은 나에게 지청구를 하셨다. 그래도 시댁에 가는 날 내 손에는 소주 한 되가 들려 있었다.

평소 아버님은 내게 딱 두 마디만 하셨다. "오는가? 조심히 가거라." 하지만 술을 드신 날은 달랐다. 자리끼를 떠 아버님 방에 가면 인기척에 깨시곤 나를 불러 앉히셨다. 얼마나 많은 말씀을 하는지. 아이들 안부부터 시작하여 길게는 친척들 근황에 텔레비전의 주요 뉴스거리까지 끝이 없었다. 그런데도 싫지가 않았다. 솔직한 아버님의 마음을 보았던 것이다. 거짓으로 하시는 게 아니라 평소 마음에 두셨던 자식 걱정, 손주 사랑, 친척들의 근황을 술의 힘으로 알려주신 것이다. 술은 아버님과 나를 이어주는 소통의 통로가 되었다. 어머님의 극구 만류에도 아버님을 위한 술 한 병을 챙기는 일은 이어졌다.

술 하면 또 한 분이 떠오른다. 라대곤 선생님. 가신 지 한 해가 흘렀다. 아직도 실감이 안 난다. 호방하고 기백이 넘친 목소리로 나를 부르실 것만 같다. 십오 년 전, 신인상을 받았다. 햇병아리 수필가로 등단하면서 선생님으로부터 신인상 패를 받고 악수도 나눴다. 백발의 머리와 굵직한 얼굴선이 인상에 남았지만 근접하기 힘든 분일 거라는 생각만 했다. 우연히 당신이 내신 '취해서 50년'이란 수필집을 접하면서 악수를 나눈 분이 선생님임을 알았다.

제목이 마음에 들었다. 술 얘기가 평범하지 않을 거라는 생각에 첫 장을 펼치게 했고 과연 그랬다. 동질감을 느꼈다. 간간히 여자인 나로서는 생각지 못한 남자의 세계가 있어 당황하기도 했지만 일부러 숨기려는 의도가 전혀 들어있지 않았다. 아름답게 수식하려거나 과장스런 문구도 보이지 않았다. 때론 해학적이고 때론 인간적인 면이 이웃집 아저씨처럼 털털했다. 한 마디로 술에 대하여 당당했다. 비싼 술을 좋아하고 격이 있는 곳에서 술을 대하는 게 아니어서 좋았다. 대폿집에서 막걸리 한 잔과 털털한 안주를 친구 삼아 마시는 부담 없는 술이

어서 정이 갔다. 어느 때는 비 온 뒤 흐르는 하천의 물소리에 반해 세느 강변이라 여기며 한껏 기분을 돋우는 멋스러움이 숨어있었다. 헤어졌던 여인을 술의 힘으로 다시 재회하여 결혼한 것도 멋있고, 책머리에 늘 부인에게 감사하다는 사랑의 표현에 감동받았다. 선생님의 펜이 되었다. 소설이며 수필집을 단 번에 읽어나갔고, 선생님의 사인을 어김없이 받아두었다.

언젠가 선생님을 뵙고 아직 시판되지 않은 술 두 병을 드린 적이 있다. 비싼 것은 아니지만 대접하고 싶었다. 며칠 뒤 대나무로 만든 술병이 부쳐져왔다. 역시 선생님이셨다.

이제 더 이상 선생님을 뵐 수가 없다. 내가 담근 술 한 병을 드릴 수 없다는 것에 안타까움이 인다. 짓궂은 병마는 선생님과 앞으로 나올 모든 작품을 차단해버렸다. 선생님을 뵈려면 이제는 읽었던 책을 다시 추억하는 수밖에 없다.

추억하는 이 시간이 즐겁다. 그래서 나의 술사랑은 지금껏 이어져오고 있는 건지도 모른다. 한 잔이 주량이지만 술을 싫어한 적 없고 늘 담담히 즐기니 난 분명 애주가임에 틀림없다.

오늘, 한 잔의 술을 품는다.

왼손을 위하여

왼손은 오른손이 부럽기만 해. 같이 태어났건만 늘 양지陽地니까. 반가운 사람을 만나면 오른손이 얼른 악수를 청하지. 어차피 왼손은 나서려는 생각도 없는데 말이야. 간혹 분에 넘치는 사람을 만날 때면 마지못해 왼손의 도움을 청하기도 하지. 그럴 때마다 얄미워 도와주고 싶지 않아. 하기 싫은 일은 왼손에게 미루고 좋은 일은 혼자 다 하려는 오른손 때문에 한두 번 속상한 게 아니거든.

왼손은 자신이 음지陰地라고 생각해. 오른손보다 몇 갑절 일해도 돌아오는 건 뒷전이기 때문이지. 오른손의 보조 역할만 하는데다 한마디로 심부름꾼이야. 설거지할 때도 오른손은 부드럽고 예쁜 그릇만 가려서 닦아. 계란찜을 하여 냄비가 눌어붙었거나 닦기 힘든 솥단지는 슬그머니 왼손에게 미뤄버리고.

그래서 화가 난 왼손은 솥단지에게 화풀이를 하며 빡빡 문질러 대기도 하지. 덕분에 윤이 반짝반짝 난 솥단지를 보며 주인은 다음에도 이런 일은 꼭 왼손에게 시켜야겠다고 마음먹지.

어제만 해도 속상해서 오른손에게 제동을 걸었어. 오른손은 태어나서 한 번도 화장실에서 뒤처리를 한 적이 없거든. 그래서 한번 고집을 부려봤어. 너도 해보라고 억지를 썼지. 오른손은 절대 못한다며 고개를 야무지게 흔들었어. 눈을 살포시 내려 깔며 고고한 척하는 것 다들 봤어야 했는데. 기다리는 주인을 더 이상 실망시킬 수 없어 왼손이 하고 말았어. 어쩜 저리도 얄미울까 속으로 생각하면서 말이야.

오른손의 주특기는 글을 쓰는 거야. 하얀 백지에 또박또박 써 내려간 글씨가 얼마나 반듯한지 왼손이 봐도 부러워. 그런데 굳이 글 못 쓰는 왼손에게 자랑해야 할 일인가 싶어. 얼마나 뽐내는지 모른다니까. 부러워하는 왼손 보고 오른손과 똑같이 써보라 하는데, 정말 자신이 없어. 늘 궂은일만 바쁘게 해 왔으니 언제 글을 쓸 틈이 있었겠어. 괜히 잘난 척이야.

아이 고소해. 오른손도 실수를 하나 봐. 조금 다쳤거든. 엄살은 또 얼마나 심한지. 웬만하면 해도 될 일을 손끝에 물 한 방울 묻히지 않으려는 거야. 왼손은 그보다 더 심하게 다쳤어도 참고 일했는데. 그날 하루 종일 왼손만 곱절로 고생했어.

전화가 왔네. 몹시 중요한 일인가 봐. 메모를 해야 했지. 오른손은 또 왼손에게 미루는 것 있지. 손이 아파서 예쁜 글씨를 쓸 수가 없다나. 주인이 다 외울 수 없어 결국 왼손이 대신 받아 적게 됐어. 바쁜데 빨리 적느라 무척 힘들었지. 지렁이 같은 글을 토해내면서 온 몸에 힘이 다 빠져나가는 것을 느꼈어.

진짜 너무해. 주인이 바쁠 땐 조금 덜 예쁘게 쓸지라도 제 할 일을 해야 하는 게 도리 아니겠어. 글 쓰는 일이 자기 적성에 딱 맞아 천직이래. 그러면서 왼손이 아무리 오랜 동안 연습한다 하더라도 절대 자신을 따라잡지 못할 거라고 큰소리 땅땅 치는 것 있지.

'아, 우울해. 내 자신이 한심스러워. 깊은 심연 속으로 자꾸 빠져드는 것 같아. 그 속에서 헤어날 수가 없어. 차라리 잠들고 싶어.'

어느 순간부터 왼손은 점점 자신감을 잃어가고 있어. 할 수 있는 일이 뭔가 아무리 생각해 봐도 뚜렷하지가 않아. 내세울 만한 자랑거리도 없고. 하는 일은 남들이 전부 천하다고 여기니 살아가는 것이 부담스러워. 잔뜩 웅크린 채로 자신을 돌아보니 손 마디마디가 거칠고 억세게 보이는 거야. 얼마나 일만 시켰으면 그럴까 싶어 갑자기 주인마저 서운해져.

슬며시 오른손을 보니 참 곱기도 하네. 진작 왼손도 좀 돌봐 주었더라면 좋았을 것을. 오늘 따라 왜 이리 비교가 되는지 몰라.

가만, 주인이 외출을 하려나 봐. 중요한 일이 있는 모양이야. 평소에 잘 안 입는 옷을 꺼내놓고 고심하는 걸 보니. 기대가 돼. 비록 우울한 기분의 연속이지만, 외출을 하면 새로운 돌파구가 생길지 몰라. 그것까지는 안 바라더라도 기분 전환은 되겠지.

쉿, 조용히. 여긴 고급스러운 레스토랑이야. 아름다운 선율이 흘러 분위기가 최고조야. 은은한 조명 아래 주인이 다소곳이 앉아 있어. 이윽고 근사한 남자가 나타나더니 한 다발의 장미를 안겨주네. 그 순간 주인의 얼굴에 감동의 미소가 활짝 피어나고 있어.

아하, 결혼기념일이었던 거야. 그래서 남편이 한 다발의 장미를 내밀었던 거구나. 가만, 끝난 게 아니야. 리본으로 장식된 작은 상자를 주인의 손바닥에 올려놓네. 뚜껑을 여는 순간 부셔서 도저히 눈을 뜰 수가 없어. 예쁘고 앙증맞은 반지 때문에.

오른손은 벌써부터 흥분되나 봐. 당연히 귀하디귀한 오른손 차지일 테니까. 왼손은 별 기대도 하지 않아. 이런, 이변이 일어났어. 주인이 풀죽어 있는 왼손을 살짝 잡아당기는 거야. 그리곤 마디 굵은 약지 손가락에 끼워주는 것 있지. 그 때 오른손의 미세한 떨림을 봤어. 얄밉기만 하던 오른손에게 그 순간 어찌나 미안하던지. 영광을 누리는 건 당연히 오른손일거라 생각했거든.

왼손의 우울함은 깨끗이 사라졌어. 그간의 노고를 단번에 보상 받았기 때문이지. 주인은 다 알고 있었던 거야. 왼손이 하는 일을. 오른손에 비하면 거칠어 형편없지만, 약지에 껴진 보석 반지가 그 허물을 다 덮어주더라고.

4부

모교를 그리다

교문을 들어선다. 현모양처의 본보기인 신사임당, 마음의 양식인 독서에 열중하는 남녀 어린이, 공산당이 싫다던 반공소년 이승복, 대한독립을 위해 목숨을 바친 유관순 열사가 어서 오라 손짓하며 나를 반긴다.

얼마 만에 와 보는 모교이던가. 만감이 교차한다. 수업 마치고 달려가던 음악실이 5학년 1반 교실이었지. 틈날 때마다 드나들던 독서실은 어떻게 되었을까. 넓기만 하던 운동장이 오늘따라 왜 작아 보이는 걸까.

누구나 꿈을 꾸며 살아가듯 나 또한 꿈이 있었다. 유년의 꿈은 모교인 하청초등학교에서부터 시작되었다. 어릴 때부터 잔병치레로 몸이 약했던 나는 아버지의 아픈 손가락이었다. 공부 잘 하는 언니 오빠와 똑똑하고 야무져 예쁨 받는 동생

틈에 움츠러들어 말 수 조차 적은 아이였다.

존재감 없던 나를 단번에 알리게 된 건 뜻밖의 소질이 드러나게 되면서였다. 운동회에서 여러 아이들을 제치고 일등을 한 것이다. 아버지의 응원 속에서 육상선수가 되고자 꿈을 꾸었다. 쉼 없이 연습했다. 입을 굳게 다물고 운동장을 돌고 또 돌며 달리기를 멈추지 않았다. 어디서 그런 힘이 나오는지. 그건 바로 할 수 있다는 자신감이었다. 뛰었다 하면 일등을 했으니 단거리든 장거리든 두렵지 않았다.

꿈을 꾼다 해서 다 이룰 수는 없다. 다만 이상과 희망을 향한 도약의 발판이 될 수 있다는 것이다. 육상선수로서의 꿈은 이루지 못했지만 그 때의 열정이 남아서인지 아직도 운동장 몇 바퀴는 거뜬하게 달릴 수 있음이 고마울 따름이다.

또 하나의 꿈이 시작되었다. 뽑히기 어렵다는 합주단원이 된 것이다. 악기 하나쯤은 꼭 다루고 싶었는데 나에겐 크나큰 행운이었다. 만지는 악기마다 내 것 마냥 부드럽게 손에 감겼다. 연습, 또 연습을 반복하다보니 어느 사이 아름다운 멜로디로 퍼져나갔다. 지금도 가끔 피아노 건반을 두드린다. 고비를 넘기지 못하고 중도에 놓아버린 피아노 연주에 대한 아쉬움이 남아서 그런 모양이다. 비록 연주자는 못되었어도 딸아이 피아노 연습 때 잘못된 부분을 잡아주는 것만으로도 꿈은 이루었다 위안을 삼는다.

오 학년 담임 선생님과의 인연은 또 나를 꿈꾸게 했다. 선생님은 반 아이들에게 글쓰기 지도를 하셨다. 그런 선생님이 나에겐 천군만마나 다름없었다. 책보기가 취미였던 나는 틈날 때마다 독서를 했다. 감명 깊은 내용은 반드시 감상문을 남겼는데, 어느 새 한 권으로 엮어질 만큼 되었다. 그 습작 노트를 가방에 넣어 다녔다. 기회가 온다면 보여드릴 거라고 마음먹었지만 용기가 나지 않았다. 드디어 그 기회가 찾아들었다. 문예지에 낼 작품을 한편씩 써 내라는 거였다.

선생님을 만나 참 다행이었다. 나의 글이 학교 문예지인 금잔디에 실렸다. 꿈만 같았다. 동시도 동화도 생활 일기도 빠짐없이 실렸다. 비로소 글쓰기 소질이 있다는 것을 인정받았고 숨어 있던 습작노트가 빛을 보기 시작했다. 자신감을 또 한 번 얻으면서 작가의 꿈을 꾸었다. 중학교, 고등학교에 진학했어도 나의 꿈은 변함없었다. 독서에 열을 올렸고 다방면으로 폭넓은 문학의 길을 걷고자 최선을 다했다.

한계가 왔다. 소설가가 되리라던 꿈은 자꾸 오그라들었다. 밤새 썼던 글이 아침에 다시 보면 엉망이었다. 탄탄하지 못하고 짜임새마저 허술하니 마음에 차지 않았다. 구기고 또 구겨 버린 원고지를 보며 고민하다가 눈물로 붓을 놓았다.

배우자를 만나고 새로운 인연을 만들어 가면서 작가의 꿈을 접어버렸다. 그러나 아이들을 키우고 살림살이에 쉴 틈 없이 분주하면서도 마음 한 곳이 늘 허전했다. 깊은 시간 잠 못 이루다 문득 책장 아래쪽에 밀쳐두었던 습작 노트가 떠올랐다. 빛

바랜 노트에 깨알 같은 글들이 살아 마구 움직이기 시작했다. 불현듯 글이 쓰고 싶어졌다. 이번에 소설이 아닌 수필로 장르를 바꾸었다. 상상과 허구 속을 드나들며 짜내기에 집착했던 소설가의 젊은 꿈은 내려놓고 진솔한 삶을 그려내는 곰삭은 수필을 쓰고자 했다. 이상하게도 오랜 벗처럼 나와 아주 잘 맞았다.

글을 쓴 지 스무 다섯 해가 넘었다. 편편이 모아 온 글들을 수필집으로 한데 묶었다. 학생들에게 글쓰기 지도를 하며 얻은 소중한 기억들로, 친정어머니의 애틋한 삶 이야기로, 이웃들의 온정 가득한 이야기로, 나와 맺어진 인연 이야기로 엮어져 세상에 나왔다.

나의 삶에 만족한다. 꿈 밭이었던 모교에 입학한 것도 글쓰기 선생님을 만난 것도 더없는 행운이었다. 나의 소질을 알아주지 않았더라면, 격려가 없었더라면, 그래서 꿈을 꾸지 않았더라면 나의 글은 그대로 묻혔을지 모른다.

곧 하청초등학교가 백년을 맞이한다. 유서 깊은 역사를 이어온 모교에서 꿈을 키우고 그 꿈을 향해 걸어왔듯 나의 사랑스런 후배들도 꿈의 텃밭인 하청초등학교에서 높은 이상과 꿈을 위해 힘차게 도약하기를 선배가 빌어본다.

웃음으로 눈물 닦기

"까르르, 까르르."

한 녀석이 웃음보를 터트리자 옆 옆의 아이들까지 가세다. 온통 웃음바다가 되어 멈출 줄 모른다. 교재를 머리 위로 살짝 올린다는 게 엉뚱하게도 줄에 걸려 붕 떴다 바닥으로 내동댕이쳐졌으니. 집중하지 못하는 아이의 정신을 일깨우느라 가장된 제스처를 쓴 것이 웃음의 원인이 되었다.

계속되는 웃음에 굳은 표정을 보이자 슬그머니 연필을 잡으며 수그러지는 듯했다. 그런데 한 녀석이 조금 전의 일이 자꾸 연상되는지 웃음을 참지 못하고 숨죽여 키득거린다. 웃음은 꺼졌던 불이 되살아나 번지듯 자연스레 다른 아이들에게로 옮겨간다. 한 번 웃고 말 일을. 별일도 아닌데 그게 뭐 그리 우스운 일이라고 그칠 줄 모를까.

작년 이맘때다. 국어과목이 힘들다며 도움을 요청하는 중학생 아이의 공부를 도와주기로 했다. 삼십 년 전에 배운 기억을 떠올리며 '청춘예찬'을 조목조목 설명해 주었다. 다음 단원은 '한국문학의 개념과 특질'이었다. 평소 관심을 갖고 있던 부분이어서 조금은 긴장했던 마음을 풀었다. 토를 달아가며 풀이해주던 중 눈에 들어온 글귀가 나의 시선을 사로잡았다. 마음에 와 닿았다. 순간 글을 써야겠다는 생각뿐이었다. 그러나 몇 자 적지 못하고 펜을 놓고 말았다. 생각은 많은데 무엇으로 시작해야 할지 도무지 감이 오지 않았다.

몇 계절이 지나도록 머릿속에 그 글귀를 무겁게 이고 다녔다. 그러다 오늘 마침내 짐을 내려놓았다. 아이들이 글머리를 제공해주니 여간 고마운 게 아니다. 나의 꾸중은 결국 웃음으로 끝났다. 속으론 회심의 미소를 지으면서도 공부시간에 떠들지 말라는 으름장을 한 번 더 놓고 수업을 마쳤다.

그 글귀를 발견한 것은 흥부전에서다. 궁상도 그런 궁상이 없다. 가진 것이라곤 산기슭의 움막과 줄줄이 늘어선 식솔뿐이니, 참으로 궁상스런 모습이다. 얼기설기 엮은 움막의 크기를 무엇에 비유하면 마땅할까. 기지개를 켜면 발은 마당으로 머리는 뒤꼍으로 엉덩이는 울타리 밖으로 나간다 하니, 이 얼마나 비참한 삶인가. 땟거리가 없어 이틀째 피죽 한 그릇 못 먹어 퀭한 눈으로 힘없이 누워 있는 아이들. 식솔들을 바라보는 가장의 마음은 얼마나 부끄럽고 한심하여 자책할 것인가.

그럼에도 웃음이 난다. 덕지덕지 기운 누더기에 여러 개 구멍을 뚫어 머리만 나오도록 옷을 입혔으니. 한 놈이 뒷간에 가려고 일어서면 나머지 녀석들의 상황은 말해 무엇 할 것인가. 졸린 눈을 비벼가며 줄줄이 따라가야 하는 어처구니없는 상황임에도 웃음이 터져 나온다. 입히긴 했으나 옷이 아니요 누더기였다. 일어서는 것도 앉는 것도 일시에 이루어져야했으니 어찌 폭소하지 않을 것인가.

분명 울어야 할 일이다. 배곯아서 울고 추위에 떨어 울고 누울 자리 마땅하지 않으니 서러워서 눈물을 펑펑 쏟아야 할 일이다. 그럼에도 그 눈물을 덮어줄 이불이 있었으니, 그것은 바로 웃음이었다. 웃음으로 눈물 닦기였다. 슬픈 상황을 슬프게 이야기하는 것은 그 상황을 더 슬프게 만들 뿐이다. 눈물을 멈추게 하는 것은 오로지 웃음뿐이라고 우리 민족들은 생각했다. 그래서 슬픈 대목에서 웃음으로 눈물을 씻어내려 했다. 슬픔을 웃음으로 미화시키는 해학과 지혜를 우리 조상들은 가지고 있었고, 그것을 우리 후세들에게 문학으로 물려주었다.

누군가 내 머리를 한 대 치는 것 같았다. 세게 맞았는데도 띵하고 울림만 더해 갈 뿐 전혀 통증이 없다. 자꾸 실실 웃음이 새어 나온다. 오랜만에 대가 없는 웃음이다. 손익을 따질 틈도 없이 새어나온 웃음이라 무게를 잴 시간이 없다.

박장대소하며 웃어본 적이 언제였는지. 웃음을 잃어버린 지 한참 되었다. 그 웃음을 찾아야 한다. 슬며시 웃어본다. 왠지

어색하다. 입술 근육이 굳어 잘 움직여지지 않는다. 거울 속에 비친 내 모습이 오늘따라 낯설다. 수심이 가득하고 양미간에 주름이 잡혀 울상이다. 예전의 내 얼굴이 아니다. 언제부터 인상이 바뀐 걸까.

유년의 나를 들여다본다. 환한 미소로 밝게 웃는데 지금의 나는 울고 있다. 웃고 있는데도 울상이다. 입 꼬리가 올라간 유년의 내 모습과는 달리 입 꼬리가 처져 웃어도 웃는 얼굴이 아니다. 선조들이 물려준 해학과 지혜를 끄집어낼 생각을 왜 못했을까. 웃음은 인간에게 꼭 필요한 요소이며 자양분이다. 내 몸에, 내 마음에 이미 가지고 있음에도 그것을 적절히 사용할 줄 모르고 있었다. 아니 잊고 있었음이다. 이미 내게 있는 것들을 사용하는데 그동안 너무나 인색했다.

흥부전에서 나는 웃음을 찾았다. 조상들의 해학과 낙천적이고 긍정적인 힘을 얻었다. 절박함 속에서도 웃음을 자아내게 하여 위기나 슬픔을 씻어내는 지혜를 알았다. 멀리서 구하는 것도 돈이 드는 것도 귀한 것도 아닌 웃음. 세상 어딜 간들 흔히 볼 수 있고 들을 수 있는 웃음을 왜 난 모르고 있었던가. 그건 웃음보다 슬픔을 더 미화시킨 때문이었다. 남보다 열배, 아니 백배 더 슬퍼하고 힘들어 했기에 웃음이 디밀고 나올 틈이 없었던 것이다.

아이들의 웃음소리가 귀에 쟁쟁하다. 수업 끝난 지가 언젠데.

분갈이를 하며

새 화분이 들어왔다. 한 눈에도 건강한 식물이 아니다. 바싹 말라 윤기라고는 없다. 고민에 빠진다. 받아들여야할지. 받는다면 어떻게 가꾸어야 생기를 되찾을지. 주인의 눈빛이 애절하다. 한 계절만 맡아달라는 간곡한 부탁을 차마 거절할 수 없었다.

화분들을 둘러본다. 질서정연하여 흐트러짐이 없다. 관엽식물인 벤자민, 행운목, 관음죽, 테이블야자는 키가 커 맨 뒤쪽에 두고, 한창 꽃을 피워 아름다움이 절정에 이른 서양란, 영산홍, 안시리움, 시클라맨은 가운데 두었다. 납작 엎디어 있는 다육식물들은 고민할 것 없이 맨 앞쪽이 제 자리다.

어느 식물들 틈에 두어야 제격일까. 새로 온 화분 하나로 인하여 전체가 흐트러질까 걱정이다. 뒤쪽에 놓자니 키가 큰

나무에 가려 보이지 않을 것 같고. 그렇다고 키 작은 다육식물 앞에 둘 수는 없다. 고민 끝에, 오가면서 늘 지켜볼 수 있도록 가운데 줄 가장자리에 화분을 두기로 했다.

기존의 식물들을 기르는데 큰 어려움은 없다. 아니 수월하다. 오랜 시간 함께 하면서 무엇을 원하는지 다 파악했기 때문이다. 햇빛을 원하면 밖에 잠시 내놓기도 하고 통풍을 원하면 바람을 쏘여 주기도 한다. 잘 자라도록 적절한 시기에 영양제를 먹이고 거름도 준다. 어떤 식물에겐 물을 흠뻑 주지만 어떤 식물은 그 반대로 물을 적게 주기도 한다. 나의 적절한 조치에 다들 만족하는지 생기가 넘친다.

새로 온 식물이 걱정이다. 여전히 맥이 없다. 생기를 되찾을 때까지 오로지 관심과 정성과 시간이 필요하다. 이름이 인시그니스라 했다. 잎을 닦아주기 위해 손을 대는 순간 툭하고 떨어진다. 다른 잎도 그렇다. 이 정도인지 몰랐다. 반 이상이 떨어져버렸다. 몰골이 말이 아니다.

한시가 급하다. 화분 속을 파보니 흙이 온통 물기로 엉켜있다. 화분이 안 좋이 물 빠짐이 나쁜데다 계속 물을 주어 습한 상태가 오래 지속되었던 때문이다. 분갈이를 해주는 게 급선무다. 물 빠짐이 좋은 화분으로 바꾸고 분갈이용 흙에 물 빠짐이 좋으라고 마사토를 섞었다. 썩고 상한 뿌리를 잘라내고 남은 뿌리가 더 이상 다치지 않도록 조심하여 식물을 옮겨 심었다. 이젠 지켜봐야 한다. 고통을 견뎌내고 생기를 찾을 수 있을

지. 한동안 몸살을 앓을 것이다. 새 화분에 적응도 해야 하고 새 흙에 상처 난 뿌리를 잘 내려야 할 터이니.

억수 같은 비가 퍼붓던 날, 할머니 손에 이끌려 여자아이가 학원 문을 들어섰다. 사방을 훑어보는 눈망울에 산만함이 가득 차 있었다. 상담을 하는 짧은 순간에도 가만 앉아있지를 못했다. 저 아이를 맡는다면 다른 아이들 공부까지도 방해받을 거라는 생각이 들었다. 고개를 저었다. 그러나 삼 개월만 맡아달라는 간곡한 부탁을 끝내 뿌리치지 못했다.

예상은 적중했다. 공부엔 전혀 관심이 없었다. 첫날부터 사고를 쳤다. 책을 사정없이 밖으로 던져버리는가 하면 샤프 연필을 못 쓰게 한다고 망가뜨려놓기도 했다. 학원생들을 골리는 것은 기본이요, 큰 아이를 건드려 도리어 맞는 것도 예사였다. 자리를 지키는 것도 오 분을 넘기지 못했다. 얼마나 산만한지 정신이 없었다. 꾸중을 하고 벌을 세워도 들은 척 만 척 콧노래를 부르는가 하면 빤히 쳐다보며 비실비실 웃기까지 했다. 아이를 받아들인 것을 후회했다. 학원생 다섯보다 이 아이 하나가 더 벅찼다.

하지만 포기할 수 없었다. 한 시간 먼저 문을 열었다. 떼지 못한 한글을 가르칠 생각이었다. 글이 늦다보니 모든 것이 뒤처졌다. 아예 꼼짝 못하게 옆에 끼고 글공부를 시작했다. 소리를 지르며 난리를 쳐도 이번엔 내가 들은 척 만 척 했다. 어쩌다 다른 학원생에 눈길을 주면 찰나다 싶어 달아나버렸다. 미운 마음에 내버려두면 끝내 학원에 오지 않았다. 데리러 갔다. 문을 잠그고 열어주지 않으면 돌아가는 척했다. 갔나 싶어 문을 열고나올 때 사정없이 낚아채 학원에 데려왔다. 숨고 찾기를 반복하는 사이 떠듬떠듬 유아용 동화책 한 권을 읽어갔다. 봄에 만나 겨울을 보내며 얻은 결과였다. 이번엔 숫자와 씨름판을 벌였다. 받아쓰기에 숫자공부까지 해야 할 분량이 늘어나니 난리가 아니었다. 제 머리를 쥐어박기도 하고 책상을 발로 차기도 했다. 가엾고 안쓰러웠다. 얼마나 힘들었으면 저럴까 싶어 줄일까 생각도 잠시 했다. 그러나 참아야 했다. 오늘 물러선다면 내일 또 얼마를 더 물러서야할지 알 수 없기 때문이었다.

여름 어느 날, 천둥번개를 쳐대며 억수같은 비가 내렸다. 문 앞에 아이가 서 있었다. 비에 흠뻑 젖어 부들부들 떨며 울고 있었다. 나를 찾아왔다는 게 너무 고마웠다. 와락 아이를 안았다. 뜨거운 물로 몸을 닦아주고 젖은 머리를 말려주었다. 처음으로 머리를 아니, 온 몸을 내게 맡겼다. 자신의 몸에 손닿는 것을 가장 싫어하던 아이였다.

다시 네 계절이 지나갔다. 소지품을 빠짐없이 챙기던 아이가 문득 물어온다. 가족도 아니면서 왜 내게 잘 해주냐고. 널 만났기 때문이라 답한다.

힘찬 분무질을 한다. 식물들이 화답하듯 번지르르한 윤기를 내보낸다. 각기 크고 작고 굵고 가늘지만 참 조화롭게 보인다.

간밤에 무슨 얘길 도란도란 속삭였기에 다정이 넘쳐 보이는 걸까. 가운데 줄 가장자리가 비어있다. 아직 다른 화분을 들여놓지 않았다. 여전히 인시그니스의 잔영이 나의 뇌리에 그대로 투영되고 있기에.

매일 물을 주고 햇빛을 쪼여주고 통풍을 시켜주는 사이 그들은 청정이라는 온기로 나의 마음을 정화시켜주고 있다.

개화

난蘭이 환하게 꽃망울을 터트렸다. 잎을 둘러싼 노란 테가 색칠한 것처럼 선명하다. 이런 맛에 남편은 삼백 육십오 일을 살아가는 모양이다. 난에 푹 빠진 남편이 밉다가도 꽃이 조금씩 입을 벌려 꽃망울을 터트리는 시기엔 동류인이 된다. 풋풋한 향기에 빠져든다. 이번만큼은 난이 꽃망울을 터트린 것에 축배의 잔을 높이 든다.

몇몇의 난은 아직도 작년 여름의 충격을 견디지 못하고 있다. 새 촉은 고사하고 꽃대조차 올리지 못한 난도 있다. 녹색 잎에 기상이 서려야 하는데 대찬 기운은 어디로 갔는지 생기마저 없다. 그나마 살아준 것만도 다행이다.

지난여름의 끝은 정말 무서웠다. 온 나라를 휩쓸었던 태풍, 매미의 상륙으로 정신을 놓았다. 태어나서 처음으로 겪는 두려움이었다. 속수무책이었다. 문이란 문은 꼭꼭 걸어 잠가 놓고도 안심이 안 되어 테이프를 발랐다. 예사가 아니었다. 바람의 위력이 얼마나 센지 그 힘을 막아내지 못했다. 온 식구가 막고서야 겨우 열리는 문을 도로 닫을 수 있었다. 무서웠다. 사방에서 막아주는 건물이 없어 더 심했다.

약할 대로 약해진 나는 본능적으로 신神을 찾았다. 현실 앞에 놓인 상황을 벗어나기 위한 몸부림이었다. 다른 방법은 없었다. 제발 이 순간이 빨리 지나가기를 빌 뿐이었다. 그러나 쉽사리 떠나갈 기세가 아니었다. 이미 정도를 넘어섰다. 무자비하게 난도질하는 폭군이었다. 닥치는 대로 베고 쓰러뜨리며 온 세상을 제 손아귀에 넣으려는 듯 마구잡이로 휘둘러댔다.

모든 빛이 사라졌다. 일순간에 암흑천지가 되어 한치 앞도 보이지 않았다. 칠흑 같은 어둠 속에서 웅크려 있었다. 나의 몸은 의지와 전혀 상관없이 와들와들 떨렸다. 기다려야 했다. 지쳐 제 풀에 멈춰 설 때까지 우레 같은 바람소리에 치를 떨며 납작 엎디어야 했다.

성난 폭군은 구석구석을 훑어나가며 분탕질을 해댔다. 클라이맥스다. 어느 집인지 분간이 안 갔다. 윗집인지 아랫집인지. 아니, 누구 집이랄 것 없이 전부 다 부셔지고 구르고 무너져 내리는 모양이었다. 이러다 통째 날아가 버리는 건 아닌지. 포복하고 있는 등위로 무너져 내리는 굉음소리. 그 소리는 사력을 다해 붙잡고 있던 끈을 놓아버리게 했다. 오그라들 대로 오그라든 근육이 맥을 놓아 버렸다. 차라리 마음이 편했다.

태풍은 온 집안을 휩쓸었다. 성한 데가 없었다. 베란다 문을 쓰러뜨리고, 육중한 거실 문까지 무너뜨렸다. 이백여 분이 넘는 난 화분에 난도질을 해댔다. 납작 눌리어진 난을 본 남편은 충격에 빠져 넋을 놓은 것 같았다. 꼬박 밤을 지새웠다. 날이 밝았다. 집 안이나 밖이나 다 엉망이었다. 멍하니 내려다본 도로에 부서지고 무너진 파편들이 여기저기 널브러져 있었다. 지붕에서 떨어진 환풍기며 부러진 가로수, 아파트를 감싸던 울타리가 생채기를 입고 누워 있었다.

창틀을 일으켜 세웠다. 산산 조각난 유리 파편을 치우는데 많은 시간이 걸렸다. 베란다를 본래대로 회복하자면 며칠은 걸릴 것이다. 깨진 화분 조각과 산산 조각난 유리를 포대에 담았다. 한순간에 집을 잃은 난초는 벌거벗은 몸으로 대야에서 노숙했다. 귀하디귀한 대접을 받던 사피 난초도, 붉디붉어 이름 붙여진 홍화도 한데 뭉쳐져 대야에 담겼다.

새 촉을 피워 귀염 받던 난초가 제대로 살아날지 의문이었다. 육중한 창틀에 납작 눌려 상처로 범벅된 것들이 대부분이니. 남편의 시선은 꺼져가는 생명에서 눈을 떼지 못했다. 자식마냥 보살피며 쓰다듬고 아껴온 것들이 생명을 다한다는 생각에 가슴 아파했다. 그럼에도 난 오로지 저들이 죽으면 얼마나 손해를 볼 것인가에 꽂혔다.

남편의 지극정성에도 불구하고 난분이 많이 줄었다. 절반이나 줄어 베란다 한 쪽이 휑하다. 살리지 못할 거란 불길한 생각마저 들었는데 이 만큼이라도 지켜냈으니 얼마나 다행인가.

혹독한 겨울을 보내고 따뜻한 기운이 봄을 알려 왔다. 조금씩 몸을 회복한 난이 서서히 기지개를 켜며 몸단장을 시작했다. 촉을 틔우는 난, 아직은 힘들지만 그래도 몸을 곧추 세우려 잎에 윤기를 보내는 난, 완전 회복되어 꽃대를 올리는 난들이 비상을 꿈꾸며 활기차다. 나도 모르게 흐뭇한 미소를 짓는다. 푸릇푸릇한 잎에 윤기가 자르르 흘러 한 눈에도 싱싱하고 건강해 보인다.

남편이 당부한 대로 속삭이기 시작한다. 남들이 들으면 뭐라 할까. 그래도 팔불출처럼 칭찬에 여념 없다.

"어젠 잘 잤어? 어쩜 이리도 꽃망울을 잘 터트렸니. 정말 예쁘네, 잘 자라줘서 고마워. 오늘 날씨가 참 좋지? 너희들 모두 햇볕 잘 받고 맑은 공기 흠뻑 마시렴. 사랑한다."

처음엔 쑥스러웠다. 뭐 이런 걸 다 시키나. 시킨다고 하고 있는 자신이 우습고 계면쩍었다. 그렇게 하면 난이 기뻐서 더 잘 자라고 꽃도 예쁘게 핀다는 것이다. 마지못해 내뱉던 말이 이제는 자연스럽게 흘러나온다. 이 건 얼마? 저 건 얼마? 돈으로 계산하며 화분 하나하나를 헤아리던 내가 어느 사이 가족의 한 구성원으로 그들을 받아들이며 보살피고 있다. 난이 깔깔대며 환하게 웃고 있다. 보통 웃음이 아니다. 보답의 웃음이다. 그 웃음이 예쁘다. 대견스럽다. 오랜 기간 인고의 시간들을 보내왔기에 값지고 귀한 웃음을 보이는 게다. 그러기까지 남편의 손길은 밤낮 없이 바빴다. 어린 아기 보살피듯 조심조심 부드러웠다. 행여 넘어지지나 않을까. 햇빛에 어지러울까. 목 마르지는 않을까. 온종일 눈길은 그들에게 가 있다. 마침내 남편의 정성으로 하나 둘 꽃을 피워 내고 있다. 그 모습을 바라본 내가 어찌 난에 대해 값을 산정하고 셈하기에 급급할 수 있을까. 욕심에 가득 찬 이기적인 시선에서 이젠 한없이 부드럽고 진한 애정이 물씬 나오는 따뜻한 눈길을 보낸다. 내 몸에서도 꽃 하나가 활짝 피고 있다.

꽃망울을 바라보는 남편의 마음에 내 마음을 살며시 얹는다.

천연의 색을 찾아

만반의 준비를 한다. 메모해 두었던 순서를 보기 쉽도록 다시 정리하여 냉장고 벽면에 붙인다. 아 차 하는 순간에 실패할지도 모르기 때문이다. 긴장하면서도 마음이 설렌다. 잘 될지. 스스로도 손재주가 없다고 생각하는 나다. 그런 내가 시도한다는 것 자체가 어쩌면 모험일지 모른다.

첫 작품의 재료로 결명자를 선택했다. 마침 집에 있어서이지만 무엇보다도 초보자인 내게 염색과정이 까다롭지 않아서였다.

물에 담근다. 티나 돌 같은 불순물을 제거하기 위해 서너 번 헹군 다음 소쿠리에 받쳐둔다. 먼저, 깨끗하게 닦은 스테인리스 솥에 결명자를 넣고 푹 잠기도록 물을 붓는다. 팔팔 끓기 시작하면 약하게 불을 줄여 삼사십 분 정도 우러나도록 더 끓여준다. 진하게 우러난 결명자 물을 다른 그릇에 따라두고 재차 처음과 같은 방법으로 끓인다. 두 번째 물은 처음의 반만 부어준다는 것이 다르다. 그리하여 먼저 끓였던 것과 섞어둔다.

미지근한 물에 천을 담근다. 이것 역시 불순물을 제거하기 위해서다. 염색하는 과정에서 주의할 점은 사용하는 그릇에서부터 재료까지 불순물이 묻지 않도록 깨끗하게 해야 한다는 것이다.

실크 스카프를 염색할 참이다. 가볍게 주물러 여러 번 헹궈낸다. 혹여 얇은 천이 손톱에 걸려 올이라도 나가면 어쩌나 싶어 여간 조심되는 게 아니다. 한참 헹궈낸 천을 두 손으로 감싸듯 짜 둔다.

우려낸 결명자 물을 대야에 따라놓고 보니 좋은 예감이 든다. 틈틈이 메모도 잊지 않고 본다. 염색물이 옷에 튀지 않게 앞치마를 걸치고 고무장갑도 꼈다. 엎지를 경우에 대비해 마른걸레를 대야 옆에 두고서야 긴장된 마음을 푼다.

무지無地스카프를 담근다. 본격적인 염색의 시작이다. 하얀 천은 빠른 속도로 색을 입기 시작한다. 신기하다. 메모지에 적어 둔 설명대로 넓게 펴서 골고루 물이 들게 앞뒤로 분주히 주물러준다. 점점 옷감의 농도가 진해진다. 십여 분이 지나고 다시 십여 분이 흘렀다. 신기함에 팔 아픈 줄도 모른다. 염색물이 고루 들게 하려면 삼십여 분 동안 물에 잠기게 해서 쉴 새

없이 주물러준다는 것이다. 그런 다음 깨끗한 물에 헹구는 일도 만만치가 않다. 염색물이 더 이상 나오지 않을 만큼 새로운 물을 받아 헹구고 또 헹궈낸다.

물들이는 과정은 넘겼다. 이제 말리는 일이다. 손으로 살짝 짜서 흠잡을 데 없을 만큼 반듯하게 펴준다. 그리하여 바람이 잘 통하는 햇볕에 널어둔다. 이때도 빨래집게를 사용하여 양 끝만 집어둔다. 줄에 걸쳐두면 그 부분만 물이 빠진다는 당부가 생각나서다.

얇은 실크 천이라 그런지 십 분이 채 지나지 않아 다 말랐다. 작품 탄생이다. 거무스름하고 칙칙한 색깔의 결명자가 어쩜 이리도 고운 색을 낼 수 있을까. 병아리의 곱고 부드러운 털빛깔 같다. 아니 영락없는 개나리꽃이다. 백화점에서 본 어느 스카프보다 예쁘다. 내 손에서 태어난 것이어서인지 이보다 더 예쁜 것은 없을 것 같다. 뿌듯해서 자랑하고 싶은 마음뿐이다.

다려놓으니 모양이 더 난다. 목에 감아 보기도 하고 셔츠 깃을 세워 살짝 걸쳐도 본다. 거울 속에는 여태 보지 못한 성숙한 여인이 서 있다. 모델이라도 된 양 한 바퀴 돌아본다. 한 주먹도 안 되는 스카프 한 장이 주는 멋스러움을 비로소 느낀다. 자연이 주는 기쁨이다.

첫 염색은 성공이다. 얼룩이 생길까 걱정했었는데, 색깔도 곱고 물도 잘 들었다. 오늘은 결명자로 만든 스카프지만 다음

번에는 다른 재료로 근사한 작품을 만들어야지. 슬그머니 자신감이 생긴다. 그 속에는 주위에 물감 재료가 많다는 넉넉함이 들어 있다. 지천에 온통 염색거리다. 쑥이나 들풀도 구하기 쉽다. 화단에 있는 치자도 좋은 재료가 된다. 알맹이는 먹고 밤 껍질만으로 염색물을 만들 수 있으니 금상첨화다. 겨울 해풍을 이기고 곱게 핀 동백꽃도 좋은 재료이다. 한 가지 더 있다. 반찬으로 쓰고 남은 양파껍질도 천연염색 재료로 쓰이니, 어느 하나 염색 재료가 아닌 것이 없다. 자연에서 얻을 게 참 많다. 그런 혜택을 여태 나만 모르고 있었을 뿐.

한 때, 얼룩덜룩한 무늬의 이태리 쿠션이 갖고 싶었다. 세일을 해도 내게는 턱없이 비싼 물건이었다. 그 가게를 지날 때마다 나를 비웃듯 거만하게 앉아 있는 쿠션이 그렇게 얄미울 수가 없었다. 사실 그 물건을 사서 소파에 갖다놔도 우리 집 분위기에 전혀 맞지 않을 터였다. 달랑 얹어놓으면 이질감만 느꼈을 텐데 왜 그리 집착했던지.

이젠 그럴 필요가 없나. 천연염색으로 예쁘고 고풍스럽게 원하는 걸 다 만들 거니까. 황토로 속옷도 만들 생각이다. 전문가도 힘들다는 쪽 염색도 배워볼 참이다. 자연에서 구할 수 있는 재료를 두고 백화점이나 가게에 진열된 완제품에 넋을 놓고 있었다. 자연으로 눈을 돌리지 못한 우둔함 때문이었음을.

아는 얼굴들이 차례로 스쳐 지나간다. 선물하고픈 사람들이 줄을 선다. 실패의 두려움 때문에 단 한 장의 스카프만 만든 것이 아쉽다. 하지만 조급해서는 안 된다. 자연이 주는 선물을 마구잡이로 훔쳐서는 안 되기에 말이다. 나무가, 꽃송이가, 들풀이 가져가라고 할 때까지 기다리는 느긋함을 배워야 함이다.

인위적인 것에 둘러싸여 몸살을 앓던 내게 천연염색은 활기를 준다. 온통 화학제품에 몸과 마음을 다쳐버린 내게 위안이 된다. 염색을 시작하면서 버릇이 생겼다. 밖을 나서면 재료거리가 없나 나의 눈길이 바빠진다. 평소 무심하게 스쳐 지나던 자연의 아름다움을 새삼 느껴 가는 것이다. 어느 것 하나 예쁘고 멋지지 않은 것이 없다. 저 잎을 물들이면 어떤 색이 나올까? 이 붉은 꽃은?

내 가슴에 차곡차곡 물이 든다. 노랑, 분홍, 그리고 깊디깊은 바다 같은 쪽빛 물이. 튀지도 않고 은은한 빛깔로 내 마음을 사로잡는 색감에 온통 빠져버린다. 내 몸 전체가 자연의 물로 촉촉이 젖어간다.

이젠 주위의 모든 것들이 예사롭지 않은 눈길로 나를 바라본다.

작은따옴표

글을 다 썼다. 그런데도 개운치가 않아 미적거린다. 완전하게 마무리를 못했기 때문이다. 글자들이 제자리에 잘 정돈되어 있지만 어딘가 어색하다. 다시 작업에 들어간다. 잘못 붙여진 문장부호를 정돈해야 한다.

글을 쓰자면 문장부호가 필요하다. 잠시 쉬라는 뜻인 반점. 문장이 끝났음을 알리는 온점. 감탄할 때 쓰는 느낌표. 의문을 나타내는 물음표. 직접 대화를 나타낼 때 쓰는 큰따옴표. 혼잣말이나 속마음을 나타낼 때 쓰는 작은따옴표. 말을 줄일 때 쓰는 말줄임표 등이다. 이 부호들은 적재적소에 들어가야 한다. 그럼에도 난 한 가지 부호만을 선호하여 무작정 갖다 붙인다. 고집을 없애면 편할 일을 나 스스로 만들어 힘들게 한다.

글을 쓰다 보면 여러 부호들이 나를 선택해 달라고 아우성이다. 그런데도 쉽사리 이들을 선택하지 못한다. 아니 거부한다. 느낌표는 특별히 감탄할 일이 없다. 그래서 도외시한다. 수시로 찾아드는 의문은 왜 그리 끝이 없는지. 육중한 무게를 감당하지 못해 물음표 역시 묻어 버린다. 중간에 잠시 쉬다 보면 끝까지 갈 것 같지 않아 쉼표도 멀리 한다. 끝을 맺지 못하고 구렁이 담 넘어가듯 하여 뒤가 개운치 않아 말줄임표도 쫓아버린다.

터무니없이 외면당하여 뒷전에 앉은 문장부호들이 부아가 났음은 당연하다. 들어가야 할 집을 잃었으니 허전하기도 할 것이다. 그러나 예외가 있다. 작은따옴표이다. 언제나 그만은 애지중지 대접을 받는다. 하지만 작은따옴표는 여간 고역이 아닌 게다. 대접은 고사하고 제 집도 아닌 남의 집으로 막무가내 밀어붙이니 그야말로 낭패가 아닐 수 없다.

개인적으로 나는 작은따옴표를 좋아한다. 무작정 편애하여 시도 때도 없이 여기저기 갖다 붙인다. 편치 않은 자세로 어설프게 앉은 작은따옴표가, 내 자리가 아니니 이제 그만 놓아 달라 한다. 그럼에도 못 들은 척 외면한다.

하고픈 말이 너무 많아서이다. 그러나 참아야 한다. 참으려 무진장 애쓴다. 터질 듯 입속에 가득 차 포화상태가 된 언어들이 더 이상 견디지 못한다. 분출한다. 화살들이 마구 쏟아져 나온다. 예리한 화살촉은 상대방에게 무차별 공격을 가한다. 깊이 박힌 상처에서 피가 철철 흘러나온다. 비명을 지르며 쓰러진다.

'내가 무슨 짓을 한 거지?'

정신을 차린 나는 비로소 경악한다. 무작정 쏟아내는 말들을 제어할 길이 없다. 후회하지만 화살은 이미 활시위를 떠나버렸다. 두렵다. 뒷수습을 해야 하는데 막막하다. 깊은 상처를 입고 쓰러진 상대방에게 손을 내민다. 냉랭함만 돌아온다. 오히려 덧나 커져만 간다. 수습이 안 된다. 감당하기 버겁다.

상대방에게 준 상처는 배가되어 돌아온다. 내가 쏜 화살보다 더 깊숙이 가슴에, 아니 온 몸에 사정없이 박힌다. 아프다. 짓이겨 살점이 떨어져나가는 고통에 신음한다. 웅크리고 앉아 나 자신을 살펴볼 겨를이 없다. 먼저 그들을 살피고 치유해주기 바쁘다. 겨우 한숨 돌리고서야 외따로 숨어들어 내 상처를 어루만져야 하니 이 얼마나 어리석은 짓인가.

입만 열면 화살이 쏟아지니 대책이 필요했다. 어느 순간부터 벙어리가 되었다. 처음엔 이것 역시 쉽지가 않았다. 귀머거리 마냥 못 들은 척. 장님처럼 아무 것도 못 본 척. 새침데기마냥 어떤 경우에도 아무렇지 않은 척. 그러기를 수년이다. 난 여전히 화살을 쏜다. 오늘도 많은 말들을 했다. 꾹 참으며 속 끓이지 않는다. 누군가 질시하는 말을 하면 당당히 맞선다. 경우가 아니면 아니라고 소리친다. 맞서야 할 때는 과감하게 나서서 잘잘못을 가린다.

이만하면 날이 선 화살촉이 되돌아올 법한데. 그런데도 아무도 나에게 일격을 가하지 않는다. 내가 하는 말엔 언제나 작은따옴표가 붙기 때문이다. 큰따옴표가 붙어야 함에도 작은따옴표로 대신한다. 작은따옴표 안에서 하고픈 말을 다한다. 좋은 말이든 궂은 말이든 가슴속에 가두어 밖으로 드러내지 않는다. 가린다. 그래도 마음에 안 들면 또 가둔다. 금시 세상에 내놓을 수 없다. 나갈 수 있을 때를 기다려야 한다. 숙성되어야 한다. 곰삭고 또 곰삭아서 깊이가 있을 때까지.

'넌, 안 돼. 세상에 나올 수 없어. 숨어 있어야 해. 언젠가 정화되고 다듬어져서 둥글둥글 몽돌이 되었을 때쯤이면 널 풀어줄게. 자유를 줄게. 그 전엔 절대 안 돼.'

작은따옴표가 주는 묘미를 안다면 무작정 쏘아대는 화살로 생채기내는 일이 조금은 줄어들지 않을까 싶다. 너무 화나서 심장이 멎어버릴 정도로 힘들 때는 참지 말고 표현하는 거야. 나 힘들어. 죽을 것 같아. 도와 줘. 너무 슬퍼서 눈물이 멈추지 않을 때도 마찬가지지. 내 눈물 좀 닦아 줘. 감당하기 버거워. 미워서 다신 안 보고 싶을 때도 있잖아. 당분간 내 앞에 안 보이면 좋겠어. 그 동안 노력해서 그 마음 없애 볼게.

감정은 정말 한 순간인 것 같다. 그 시기만 잘 넘기면 격한 감정이 정상으로 돌아오지 않던가. 작은따옴표 속에서 마음껏 쏟아내 보길 권한다. 정말 힘들 땐 그의 힘을 빌려보는 것도 괜찮을 것 같다. 미세한 감정의 움직임을 상대방은 전혀 눈치채지 못하고 있을 터이니. 작은따옴표 속을 아무도 들춰볼 수는 진정 없을 터이니 말이다.

오늘도 문장부호를 쓰고 있다. 많은 것 중에 유독 작은따옴표를. 중요한 것은 그 부호가 점차 줄어들고 있다는 것이다.

어치

소리가 들린다. 새들의 지저귀는 소리, 풀벌레 소리, 은은한 바람소리, 나뭇잎 서걱대는 소리가 한데 어우러져 듣는 이의 마음 또한 즐겁다. 생명들이 내는 온갖 소리는 아름다운 숲의 정서를 한껏 올려준다. 그런데 가만히 오감을 세우면 또 다른 소리가 들린다. 아름다움 뒤에 감춰진 치열한 생존경쟁의 소리다. 위급함을 알리는 소리, 공격하는 소리, 살아남기 위해 전력 질주하여 도망치는 소리들이 뭉쳐져 일순간에 숲은 아수라장으로 변한다.

거대한 나무에 두 가족이 둥지를 틀고 알을 품었다. 원앙새와 어치다. 아래와 위에 각각 위치한 두 가족은 한 나무에 날아들었다. 같이 있으니 외롭지 않으련만 예민한 촉각을 곤두세운다. 방심해서는 안 된다. 은근히 불안하다. 언제 강한 부리에 서로의 몸이 발기발기 찢겨질지 모르기 때문이다.

지저귀는 새소리가 요란하다. 드디어 세상 속으로 새끼들이 나온 것이다. 악악대며 난리다. 주둥이를 있는 대로 벌리며 제 입에 먼저 넣어달라고 아우성이다. 어미 새는 부지런히 먹이를 나른다. 똑같아 분간이 어려운데, 어찌 아는지 돌아가며 고루고루 새끼 입에다 야무지게 먹이를 넣어준다.

갈수록 어미 새를 닮아간다. 실핏줄이 드러나 핏덩어리 같던 게 어제 같은데 부숭부숭 털이 자라 제법 모양새를 갖춰간다. 따라서 어미의 활동도 커진다. 먹이를 달라고 아우성인 새끼를 위해 숨이 턱에 차도록 사방을 오르락내리락하며 먹잇감을 구하려 무던히도 애쓴다. 이렇듯 두 가족은 새끼들 부양하느라 정신이 없다.

그러나 아무래도 불안하다. 언제 공격당할지 모른다. 한 나무에서 두 가족이 살아간다는 것은 위험부담이 엄청나다. 살아남기 위해서는 상대방을 먼저 쓰러뜨려야 한다. 약삭빠르고 당찬 어치는 양단의 결정을 내린 듯 비상한다. 원앙보다 체구는 작지만 기상이 보통 아니다. 당차고 대담한 구석이 있어 여간 호락호락하지가 않다.

어치의 선제공격이다. 어미가 먹이를 구하러 간 사이 원앙의 새끼를 죽이려는 것이다. 잠깐 주위를 살피더니 곧바로 원앙의 새끼에게 일격을 가한다. 집중적으로 한 마리에게만 머리를 쪼아댄다. 괴로움에 버둥거리다 숨을 놓자 그 옆의 새끼에게 역시 같은 형세로 공격한다. 그러더니 재빨리 날아오른다. 원앙의 어미가 멀리 갔는지 나타나지 않자 다시 쏜살같이 내려온다. 같은 방법으로 새끼들을 차례로 물어뜯고 쪼아댄다.

새끼들은 어치의 공격에 저항할 아무런 힘이 없다. 두려움에 떨며 서로의 몸 밑으로 숨으려하나 어치가 가만둘 리 없다. 마지막 한 마리까지 숨통을 조인 후 비로소 어치는 제 할 일을 다 했다는 듯 사라진다.

먹이를 물고 온 원앙새는 넋을 놓고 만다. 차디차게 식어버린 새끼들의 주검 앞에 자신의 무능함을 원망한다. 둥지를 떠나지 못하고 죽음을 인정하지 않으려는 듯 식어버린 새끼의 주검을 오래도록 품고 있다.

원앙새의 절망을 알 리가 없다. 아니 아랑곳 않는다. 생존경쟁에서 살아남음을 자축하며 어치는 새끼들을 데리고 세상 속으로 나선다. 경쟁대상을 없애고 유유히 첫 걸음마를 시작한다. 그러나 방심해서는 안 된다. 원앙의 새끼를 물어 없앤 것처럼 도처에 깔린 적들로부터 나 또한 당할 수 있기 때문이다. 안주할 수 있는 곳으로 가기까지 잠시도 한눈을 팔지 않는다. 험난한 곳을 헤쳐 가며 은밀히 새끼들을 불러 모은다. 적의 눈에 띄지 않도록 숨어가며 먹이를 구하고 세상사 일을 경험시킨다. 달을 보내고 또 새로운 달을 채우며 능숙한 육아법으로 자식을 훈육한다. 비상하는 법에서부터 먹이 구하는 법, 또 적들로부터 위험에 빠졌을 때 대처하는 법을 몸으로 익히게 한다.

이제 더 이상 가르칠게 없다. 곧 새끼들을 자립시켜야 한다. 적절한 시기에 자식은 어미의 품으로부터 날아가고, 어미 또한 뒤돌아보지 않고 자신의 길을 떠나버린다. 냉정하다. 어쩔 수 없는 그들의 살아가는 방식이다. 때에 맞춰 어미를 떠나야 하고, 살기 위해서는 죽여야 하는 적자생존이며 우승열패이다.

오늘 작은아이 초등학교 졸업식을 치렀다. 만감이 교차한다. 뱃속에 아이를 잉태하는 순간부터 자식에 대한 염려로 숨죽여왔다. 혹여 잘못되지는 않을까, 손가락은 온전할까. 태어나는 순간에도 그 걱정은 사라지지 않았다. 첫돌을 보내고 유치원에 입학시키고 초등학교에 보내면서도 아이에 대한 염려로 시간을 보내며 나름대로 최선을 다했다.

그런 아이가 이제 중학생이 되려한다. 변성기가 오는지 목소리가 굵어지고 제 방을 갖고 싶다며 독립을 간접적으로 선언한다. 아직도 간섭하고 일러줄 것이 많은데 아이는 점차 그 소리를 거부한다. 길 건널 때 조심해라, 학원시간 늦지 마라, 머리는 감았는지, 그렇다면 감기 들기 쉬우니 머리를 말린 후 학교에 가거라. 학교 가는 아이 앞에 아직도 할 말이 많다. 그러나 아이는 냉정 하리 만치 나의 말을 자른다. 정말 섭섭하다. 내가 어떻게 해서 저 아일 낳고 길렀는데. 서러움에 명치끝이 아파 온다.

그런 나의 마음을 알아차린 딸이 그간 숨겨왔던 심중을 털어놓는다. 자식을 사랑하는 마음은 잘 안다. 하지만 하나에서부터 열까지 엄마 손으로 다 해주다보면 아이는 점점 다른 이에 비해 경험이 부족하여 제 스스로 해 나가야할 일이 서툴고 힘들어진다. 한 박자 늦다보니 모든 경쟁에서 뒤쳐질 것은 자명한 일이고, 마침내 자신감을 잃어 의욕을 상실케 될 것이다. 이것은 아이를 위하는 게 아니라 망치게 하는 것이다.

큰아이 말을 듣다보니 뭔가에 한 대 맞은 기분이었다. 그것은 깨치는 것이기도 했고, 또 여태까지의 행동에 대한 반성이기도 했다. 그랬다. 난 아이에게 필요이상의 보호본능을 쏟으며 그것에 대한 합리화에 익숙해 있었다. 사회에서의 생존경쟁에 대한 의식은 전혀 심어주지 않고 내 방식대로만 안일하게 대처해왔던 것이다.

인간 역시 살아가는 방식이 동물과 별반 다르지 않다는 걸 알았다. 한 생명이 태어나면서부터 경쟁은 이미 시작되고 있었다. 어려서는 옆집아이와 경쟁하게 되고, 학교에 가서는 성적에 대한 경쟁, 일류 대학에 붙기 위한 치열한 경쟁, 선호하는 직업을 갖기 위한 경쟁 등으로 늘 긴장하며 살아간다. 이런 사회에서 살아남기 위해서는 경쟁의 대상을 물리치고 그 우위에 앉는 것이다. 그러기 위해서는 남보다 더 노력하고 앞서가야 하는 것이다.

난 아이의 그런 자질을 발휘시키는데 주력하지 않고 그저

안일하게 눈앞에 보이는 위험만 감지하며 살아왔던 것이다. 무작정 보듬어 안는 것이 능사인줄 알았다. 그러나 어치 새는 달랐다. 그는 새끼를 훈육하고 가르치면서 독립시킬 마음의 준비까지도 다 하고 있었던 것이다. 제 속으로 난 자식과의 이별은 크겠지만 한 몫을 할 수 있도록 놓아주어야 할 시기를 알고 있었다는 것이다. 난 원앙새의 어미인지도 모른다. 나름대로 새끼를 위해 최선을 다했겠지만 결과는 어치에게 모든 것을 다 잃고 말았다.

지금 내겐 냉정함과 과감한 결단성이 필요하다. 스스로 하고자 하는 일을 어미가 간섭하며 가로막아서는 안 된다. 사랑하는 마음은 속으로 묻어두고 엄한 어미로 거듭나야겠다. 먼저 손을 내밀어 자식을 도와주는 일은 절대 하지 않겠다. 힘들어 해도 두 눈 질끈 감아야한다. 자신감을 가지고 고난을 스스로 이길 수 있도록 강한 의지를 다지게 해야 한다. 그게 진정한 보정일 게다.

균형잡기

리모컨을 찾는다. 습관적이다. 잠에서 깨자마자 나의 손은 머리맡을 더듬는 것으로 시작된다. 리모컨으로 텔레비전을 작동한다. 화면 밑의 자막을 재빨리 읽어나간다. 새로운 소식은 없는지. 혹여 밤사이 사건사고가 터지지는 않았는지. 날씨 등을 확인하고 나면 다시 리모컨에 눈길을 준다.

'그래, 오늘도 잡는 거야.'

느슨해진 근육에 힘을 가한다. 몇 번이나 주먹을 쥐었다 폈다 한다. 유독 가운뎃손가락 이 뻣뻣하게 굳어 있어 느낌이 좋지 않다. 눈도 깜박거리지 않고 시선을 모은다. 조심스레 가운뎃손가락에 리모컨을 올려놓는다. 기우뚱거리더니 이내 바닥으로 떨어지고 만다. 열 번 넘게 반복하고서야 겨우 손가락에 리모컨을 얹었다.

단번에 될 때도 있다. 그럴 때는 기분이 최상이다. 그간 쌓아온 시간이 있었기에 네댓 번이면 되었는데 오늘따라 흔들림이 심해 번번이 떨어지고 만다. 은근히 신경이 날카로워진다. 컨디션이 좋지 않아 근육이 제자리를 찾지 못해서라며 나 자신을 위로한다.

매일 아침 리모컨과 씨름한다. 처음부터 그랬던 건 아니다. 텔레비전을 보면서 아무 생각 없이 손으로 만지작거리기도 하고 손등 위에 올려놓기도 했다. 그러다 무심코 가운뎃손가락에 리모컨을 올리게 되었다. 얹자마자 떨어져버렸다. 될 때까지 해보겠다는 마음에 떨어지면 올리기를 반복했다. 쏠리는 반대쪽으로 미세할 만큼 옮겼는데 또 기운다. 마침내 균형이 잡히는 것 같더니 한 점 미동도 없이 멈췄다. 소리를 지르고 싶을 만큼 기분이 좋다. 성취감마저 든다.

참 어려운 거구나. 여러 번의 반복과 집중이 아니고서는 단번에 해내기가 쉽지 않구나. 그 때부터 아침이면 수도하는 도인처럼 리모컨 균형 잡기에 몰입했다. 이 동작은 들깬 잠으로 멍해 있는 정신을 번쩍 들게 하고 집중력을 단련시키는 한 방법이 되었다. 처음에는 손가락만 움직였다. 그러다 차츰 마음으로 옮아갔다. 정신이 한 곳으로 모아지면서 리모컨은 묘기를 부리듯 치우침 없이 수평이 되었다.

어떤 일에든 나름의 균형이 있다. 그것을 깨뜨리지 않으려 애쓴다. 균형 잡기는 리모컨에 눈을 모으기보다 손가락에 집

중해야 함이다. 어느 한쪽으로 기울면 기우는 반대쪽으로 힘을 모아주어야 한다. 한 쪽으로 기울까 당황하다보면 오히려 리모컨의 요동은 극에 달한다. 눈에 드러나지 않게 해야 한다. 아주 작은 움직임만 있어야 한다. 안 그러면 이쪽저쪽 다 낭패를 본다. 균형을 잡기는커녕 양쪽 다 오르락내리락하다 불시에 나락으로 떨어지는 것이다. 한쪽이 기울면 다른 한쪽은 올라가거나 그 자리에서 이탈하려하기 때문이다. 거르지 않고 매일 해오는 동작이지만, 어떤 날은 단번에 또 어떤 날은 수도 없이 손가락에서 미끄러진다.

리모컨의 무게가 고루 실어져 있다면 그나마 균형 잡기는 수월할 것이다. 겉으로는 아무리 봐도 똑같은데 한쪽이 조금 더 무겁다. 거의 엇비슷해서 세심하지 않으면 맞추기가 힘들다. 아마도 속에 든 부품의 무게 차이 때문이겠지. 채널이나 음량을 조절하는 부분보다 쓰임이 다양한 숫자 버턴 쪽이 조금 더 무겁다. 그래서 손가락 위치는 리모컨의 정중앙을 약간 비켜가 있다.

아이들을 가르치고 있다. 이젠 어느 정도 아이들의 속마음을 읽는다. 딴전부리며 교재를 저만치 밀어내는 아이에겐 수업시간 십 분을 줄여준다는 방법을 써야지. 무엇 때문인지 저 녀석은 오늘 화가 잔뜩 나 있구나. 요일 순서를 바꿔 마음의 부담을 덜어주는 수업을 해야겠다. 혼내기보단 은근 슬쩍 녀석의 장점을 칭찬하여 스스로 책을 펼치게 해야지. 아이들 개

개인의 성격에 맞춰 간지럼을 태우기도 하고, 목소리를 바닥까지 깔고 말없이 가만히 있기도 한다.

웬만하면 나의 방법이 들어맞아 평화로운 수업이 진행된다. 이렇게 되기까지 제법 많은 시간이 걸렸다. 겁 많고 마음 약해 눈망울이 커지는 아이에게 으름장을 놓다 낭패 본 일, 약간의 으름장이 필요한 녀석을 오히려 어르고 달래다 수업을 망치는 일도 있었다.

아이들을 똑같은 기준으로만 바라보았기 때문이다. 중심에서 약간 비껴갈지라도 균형에 맞도록 애써야 했는데 말이다. 때로는 한쪽으로 쏠릴 때가 있다. 안쓰러워 유독 정이 갈 때이다. 나도 모르게 그 쪽으로 기운다. 미세한 요동이 인다. 얼른 제자리로 돌아오려 집중한다. 다른 아이들이 눈치 채지 못하도록 아주 작은 움직임이어야 한다. 안 그랬다간 낭패다.

중심은 어떤 사물의 가운데자리를 찾는 것이다. 난 중심을 잡는 게 아니다. 한 가운데가 아닌 한쪽으로 치우쳤더라도 그에 맞는 균형을 잡고자 함이다. 리보건 속에 든 여러 가지 부품들의 무게를 일일이 알지 못해 번번이 애를 먹듯 아이들도 그렇다. 속을 다 알았다고 하지만 아니다. 깊은 속은 꼭꼭 숨어 있어 나름 고민하고 무게를 제대로 가늠해야한다. 고만고만한 키에 얼굴도 비슷비슷해서 그 녀석이 그 녀석 같다. 그래서 아이들 전체가 아니라 개개인 하나하나에게 균형을 맞춰줘야 함이다.

오늘도 치우침 없는 수평을 유지하기 위해 균형 잡기에 몰입한다.

도장의 의미

작은아이 초등학교 졸업식이다. 이사를 왔기 때문에 딱히 친분이 있는 학부모가 없어 혼자 가야 했다. 조금 허전한 마음이 든다. 큰아이 졸업식은 왁자지껄하여 그야말로 잔치 분위기였다. 형제지간이 다 모였고 또 이웃들도 축하하러 함께 와 주었었다.

이번 졸업식은 좀 쓸쓸하겠구나 생각했다. 작은아이도 제 누나 졸업식에 가 봤으니 잘 알 것이고, 서운해 하지 않을까 염려되었다. 그런 마음을 눈치 챘는지 고등학생인 큰아이가 왔다. 한 손에는 카메라를, 또 한 손에는 꽃다발을 들고 내 옆에 슬그머니 선다. 역시 누나는 누나다. 큰아이의 표정이 너무도 밝다.

식이 막 시작되었다. 국민의례와 애국가 제창이 끝나자 빛나는 졸업장 수여가 있었다. 한 아이가 졸업생 대표로 나가 혼자 받는 것이 지금까지 내가 보아온 광경이었기에 당연히 그러려니 했다. 그런데 여기서는 달랐다. 아이들 모두의 이름을 일일이 호명하는 게 아닌가. 시간은 걸렸지만 145명의 졸업생이 교단 앞으로 나와 교장선생님과 악수를 하며 졸업장을 품에 안았다.

이번 졸업생들은 육 학년 이 학기에 고현초등학교로 옮겨왔다. 이 학교는 작년 가을에 개교한 신설학교로 역사가 아주 짧다. 겨우 반 학기를 마치고 제 1회 졸업생이 되었으니 다들 좀 특별한 졸업식으로 기억할 것이다.

식이 끝나고 아이는 졸업장과 상장, 학교생활을 담은 앨범을 내게 안겨준다. 기특한 마음에 흐뭇해하는데 끝이 아니라는 듯 호주머니에서 뭔가를 꺼내 손바닥에 올려놓는다. 도장이다. 분홍색 주머니에 얌전히 담긴 도장은 또 다른 도장을 떠올리기에 충분했다.

큰아이 초등학교 때 선생님이다. 담임 선생님은 아이들에게 매주 수학경시시험을 보게 했다. 십위 권에 들면 상을 주었고, 또 등수가 월등히 올라도 상장이 주어졌다.

우리 아이는 중간 정도의 성적을 받아왔다. 나름대로 열심히 했지만 별 진전 없이 제자리걸음이었다. 아이는 성적이 오르지 않자 부끄러움에 마음이 상했던지 풀이 죽고 말수도 줄었다. 매주 등위가 공개되기 때문에 그 시험은 아이에게 커다란 부담이었다.

자연히 나 또한 선생님에게 원망스런 마음이 생겨났다. 다른 반에서는 수학경시시험을 따로 치지 않는다는데 유독 우리 아이의 반만 왜 이러는 걸까. 잘하는 아이들은 괜찮지만 조금 처지는 아이들에겐 기죽이고 마음을 상하게 할 수도 있다는 걸 모르는 걸까. 유별나다는 생각밖에 들지 않아 한 학기를 선생님에 대한 원망으로 보냈다.

그러던 아이가 처음으로 상장을 받아왔다. 아이의 수학실력이 어느새 차곡차곡 쌓여가고 있었던 것이다. 선생님을 원망하던 마음이 봄눈처럼 녹아가고 있었다. 만약 그 때 선생님이 혹독하게 시키지 않았더라면 우리 아이는 지금쯤 꼴찌를 면하지 못하고 있을지도 모른다.

학년이 끝나갈 무렵 큰아이가 선물이라며 예쁜 도장을 내밀었다. 담임 선생님이 손수 파주신 거라며 꽤나 좋아했다. 아이들이 땀을 뻘뻘 흘리며 수학시험을 치르는 동안 선생님도 손목이 시리도록 도장을 파셨을 것이다. 아이들 이름 석 자를 새기면서 얼마나 많은 축복과 건강을 비셨을까. 그 때의 도장을 큰아이는 지금도 간직하고 있다. 그리고 잊을 수 없는 좋은 선생님이라는 마음도 함께.

도장에 이름을 새긴다는 것, 이름 석 자의 의미를 새긴다는 것은 가벼운 일이 아니다. 그 옛날 큰아이의 담임 선생님이 그러했듯이 이번에 졸업식에서 준 도장도 성장하는 아이들에게는 커다란 의미로 남을 것이다. 자신의 이름 석 자가 얼마나 소중하고 그 이름의 명예를 지킨다는 것이 얼마나 중요한지를 가슴에 새기게 하는 일이기에 말이다.

오늘, 졸업생들은 참으로 소중하고 귀한 선물을 받았다. 도장은 나를 대신하여 내가 한 일에 책임을 지는 도구이다. 그 의미를 잘 모르는 아이들에게 우선 눈에 들어오는 학용품이나 앨범이 아닌 도장을 줌으로써 제 이름 석자를 지키도록 일깨워 준 선물이다. 앞으로 모든 일에 책임감을 가지고 삶을 설계하고 가꾸어서 훌륭한 역군이 되기를 진심으로 기원하는 마음이 담겨 있는 선물이다.

내 아이를 비롯한 졸업생들이 이런 스승의 마음을 잘 새겼으면 하는 바람이다.

함께 비비대는 것

작년 봄, 작은 아이가 다쳐 병원 생활을 했다. 그 때 아이 친구가 심심할 거라며 금붕어 두 마리를 사다 놓고 갔다. 다음 날 아침 병원에 들렀더니 한 녀석이 죽어 있는 게 아닌가. 유유자적 헤엄칠 때는 잠깐씩 눈길을 두기도 했는데 빳빳하게 굳어 있는 걸 보니 소름이 돋았다.

퇴원하는 날 한 마리 남은 금붕어가 문제였다. 생각 끝에 병실에 두고 가자는데 아들 녀석이 친구가 준 선물이라며 끝까지 고집이다. 귀찮기도 했고 또 키울 일이 걱정되었다. 내키지 않았지만 별도리가 없어 결국 아이의 생각을 따르기로 했다.

베란다 구석에 녀석을 두었다. 방치라고 하는 게 어쩜 맞을지 모른다. 눈에 잘 뜨이지 않으니 녀석이 있다는 생각조차 잊을 때가 있었다. 어항을 장만해주지 않아 조그만 대야가 제

집이었다. 내가 원했던 일이 아니어서 애초부터 녀석은 관심 밖이었다. 이러다 굶겨 죽이지 않을까. 양심의 가책이 될 때도 있었지만 갈수록 소홀해 가니 나도 참 무정한 사람이다. 내 밥은 꼬박 챙겨 먹으면서 녀석에게 먹이를 주어야 한다는 사실을 자주 까먹었다. 한 두 끼 굶은들 어찌 군소리를 할 개제던가. 식구로 대접 받지 못하는 더부살이를 하다 보니 그야말로 눈칫밥 먹는 신세였다.

그럼에도 잘 버텨 주었다. 일 년 하고도 반년을 꿋꿋하게 말이다. 문득 생각나 대야를 들여다볼라치면 늘 두려움에 사로잡혔다. 혹여 먼저 번 녀석처럼 물위에 둥둥 떠 있지는 않을까. 항시 언제 죽을지 모른다는 생각이 머리에 강하게 각인되어 있었다. 정주기가 싫었던 게다. 그런데 지금껏 묵묵히 기다려 주었다. 가족으로 받아들여 주길 소망하며 자신의 존재를 알려주려 험난한 시간들을 인내했던 것 같다.

녀석을 가족으로 받아들였다. 무슨 일이 일어나 내 마음을 슬프게 할지라도 더 이상 이대로 두어서는 안 된다. 내가 너무 심했다. 가엾은 생각을 하는 순간 죄책감이 몰려왔다. 과연 식구였대도 이랬을까. 때맞춰 먹이를 주고 신선한 물을 제 때 갈아주었을 터이다.

어항을 장만했다. 그 속에 쉴 집과 풀숲도 만들어주었다. 처음 새집에 이사 왔을 때의 기분으로 단장을 해주었다. 그만하면 꽤 멋진 집인데 녀석의 움직임이 영 시원찮다. 숨은 듯이 웅크리고 있는 녀석이 답답해 손사래를 쳤더니 겨우 움직인다. 그것도 잠시 여전히 구석자리에서 입만 뻐끔거리고 있다. 낯설어서일까. 아님 적응이 안 되는 걸까. 그래, 혼자라서 외로운 게다. 가족이 필요했던 거구나.

큰아이가 떠오른다. 지금은 대학생이 되어 제 할 일 야무지게 해내는 든든한 딸이지만 다섯 살까지 말없는 아이였다. 시무룩하니 종일 제 방에서 인형만 업고 있었다. 하나뿐이라 금이야 옥이야 했음에도 아이는 갈수록 풀이 죽어갔다. 잘 웃지도 않았다. 새로운 장난감을 사 주어도 며칠 뒤면 구석진 자리에 뒹굴었다. 그런데 유독 인형만큼은 애지중지였다. 하나하나에 이름을 붙여가며 주절주절 하는데, "언니가 혼내줄 게, 언니가 업어줄게."하며 자신이 언니임을 강조했다. 엄마가 아닌 언니라고.

그 때부터 큰아이를 살폈다. 심심해하는 것 같아 집 앞 놀이터에도 내보냈다. 제 또래 아이들과 어울려 잘 지내는 것 같아 마음이 놓였다. 하던 일을 마무리하느라 조금 늦게 아이를 데리러 나가 보니 혼자 있었다. 중얼중얼 혼잣말을 하면서 모래를 파헤쳤다. 왁자지껄하던 아이들은 어디로 가버렸을까. 여태 많은 아이들 틈에서 혼자 놀고 있었던 것이다. 이제 보니 다들 남매끼리 자매끼리 형제끼리 놀다 제 집에 쏙쏙 들어간 때문이었다. 울컥 목이 멨다. 하나만 낳아 잘 기르자고 한 것이 아이에게 엄청난 외로움을 줄 줄이야.

다음해, 딸아이에게 동생이 생겼다. 드디어 여섯 살에 누나가 된 것이다. 핏덩어리 동생을 보며 놀라기보다 감격의 눈물을 흘리더라는 말에 가슴이 저미어왔다. 둘째를 두어야할지 말아야할지 망설였던 걸 후회했다.

두 남매가 언제 봐도 다정스럽다. 적당한 나이차 때문에 위계질서가 서있어 맞붙어 싸우는 것을 보지 못했다. 서로를 잘 챙겨주니 보기가 참 좋다. 큰아이의 은근한 무게와 작은아이의 생기발랄함이 조화를 이뤄 우리 집은 적당히 부산스러워졌다. 그런데 요즘은 적막강산이다. 큰아이는 도시로 유학을 떠났고 막내마저 학교에서 밤늦게야 돌아오니 내 발소리에 내가 다 놀랄 지경이다.

나도 은근히 외로웠나 보다. 여섯 마리의 물고기를 넣어 주고는 제 풀에 좋은 일 했다며 흐뭇해하는 걸 보니. 난리가 아니다. 풀죽어 있던 녀석의 움직임이 숫제 종횡무진이다. 정적만 감돌던 집이 북적거리다 못해 들썩이기까지 한다. 어지러울 정도로 춤을 추며 축제를 벌인다. 아름다운 몸짓으로 유영하다가 풀숲으로 여기저기 몸을 숨기면 녀석 역시 따라다니며 잘도 찾아낸다. 마치 아이들이 숨바꼭질이라도 하는 듯.

이름을 지었다. 맏형이며 토박이인 일붕이와 새로 온 이붕이, 삼붕이, 잠시도 쉬지 않고 돌아다녀서 촐랑이, 늘 다른 녀석들 꽁무니만 따라 다녀서 꽁무니, 그리고 얌전이와 어질이다.

비로소 녀석에게 식구가 생겼고 우리 집은 소가족에서 대가족으로 재구성 되었다. 적막하기만 하던 어항 안이 활기차다. 그들을 바라보는 내 얼굴에도 생기가 돋는다. 외출 중에도 날 기다리는 식구가 있다고 생각하니 자연스레 걸음을 서두른다. 신발정리도 하는 둥 마는 둥 현관에서부터 내 눈길은 벌써 녀석들에게 가 있다. 낮엔 나밖에 없다 생각했는데 식구가 늘었으니 제법 시끄러울 게다. 저녁준비가 바빠지겠다. 대가족이 먹어야 할 저녁을 만들어야 하니 말이다.

'좋은 거구나, 함께 비비대는 것이.'

■ 연보

1962년　경남 거제 출생
1981년　거제종합고등학교 졸업
2004년　한국방송대학교 국어국문학과 졸업
1998년　거제대학교 사회교육원 수필 수료
1997년　한국일보 투병문학상 수상
1998년　거제수필 문학 회원
1998년　불광 수기 공모 수상
1999년　수필과 비평 〈파란 대문〉으로 신인상 수상
1999년　독서지도사 자격증 취득
2001년　글쓰기 공부방 운영
2003년　계룡수필 문학회장 역임
2004년　독서 논술 학원 운영
2006년　거제신문 수필 게재
2006년　수필집 《야누스의 얼굴》 출간
2010년　수필과 비평 이사 역임
2013년　수비작가회의 거제지부장 역임
2014년　수필집 《왼손을 위하여》 출간
2015년　수필과 비평 문학상 수상
2017년　거제스토리텔링 이사 및 편집장
2018년　거제타임라인 수필 게재

2019년　수비작가회의 편집부주간 역임

2019년　거제시 문화원 향토사 연구위원 및 편집위원

2021년　현대수필가 100인선 수필 선집 ≪작은따옴표≫ 출간

현대수필가 100인선 Ⅱ· 91
심인자 수필선

작은따옴표

초판인쇄 | 2021년 04월 26일
초판발행 | 2021년 04월 30일

지은이 | 심 인 자
펴낸이 | 서 정 환
펴낸곳 | 수필과비평사 · 좋은수필사

주 소 | 서울시 종로구 삼일대로 32길 36.
(익선동 30-6) 운현신화타워 305호
전 화 | 02)3675-5635, 063)275-4000
등 록 | 제300-2013-133호
홈페이지 | http://www.shinapub.com
e-mail | essay321@hanmail.net

값 8,000원

ISBN 979-11-5933-335-4 04810
ISBN 979-11-85796-15-4 (전 100권)